Heidelore Kluge · Gib deinem Glück eine Chance

Heidelore Kluge

Gib deinem Glück eine Chance

Kreuz

Inhalt

Ein Wort zuvor

Die Idee zu diesem Buch entstand, als ich entdeckte, warum ich selbst unglücklich war. Das Buch entstand, als ich entdeckte, daß die meisten Menschen aus dem gleichen Grund unglücklich sind: Sie wissen nicht, wie sie es anfangen sollen, glücklich zu sein. Das brachte mich auf den Gedanken, daß auch das Glücklichsein gelernt sein will. Und weil ich aus eigener Erfahrung weiß, daß man es lernen kann, habe ich dieses Buch geschrieben.

Das Glück wird uns ständig suggeriert: Ein Großteil der Schlagertexte hat es zum Thema, und die Werbung lebt förmlich davon, daß sie das Glück für ihre Zwecke einspannt.

»Benutzen Sie das Mundwasser X, und Ihrem Liebesglück steht nichts mehr im Wege.«

»Waschen Sie mit dem Waschmittel Y, und Ihr Familienleben gestaltet sich glücklicher.«

»Rauchen Sie die Zigarette Z, und Sie inhalieren das ganz große Glück.«

Weder die Unterhaltungs- noch die Konsumindustrie würden mit dieser Methode Erfolg haben, wenn nicht so viele Menschen das Bedürfnis nach Glück hätten – um nicht zu sagen: unglücklich wären.

Aber Glück läßt sich nun einmal nicht kaufen, und auch durch die Lektüre dieses Buches werden Sie nicht automatisch glücklicher werden. Es kann Ihnen nur Hinweise geben, wie man »Unglücksfaktoren« vermeiden beziehungsweise abschwächen und »Glücksfaktoren« verstärken beziehungsweise herbeiführen kann. Diese »Faktoren«, die zu einem Teil im Menschen selbst liegen und zum anderen Teil auf äußere Umstände zurückzuführen sind, werden in den folgenden Kapiteln eingehend behandelt.

Glück ist erlernbar – aber zu jedem Lernen braucht man Ausdauer, Übung und möglichst häufig ein ermutigendes Erfolgserlebnis, eine Bestätigung des eigenen Tuns und damit des eigenen Ichs. Deshalb empfehle ich eine »Philosophie der kleinen Schritte« – so werden Erfolgserlebnisse leichter ermöglicht und Enttäuschungen auf ein Minimum reduziert.

Wenn dieses Buch Ihnen wirklich helfen soll, ein glücklicherer Mensch zu werden, müssen Sie zuvor allerdings eines ganz für sich und alleine tun:

Sie müssen Ihr Glück wollen!

Denn wer nicht das Bedürfnis hat, glücklich zu sein, der wird auch nicht glücklich werden. Es soll Menschen geben, die ihr eigenes Unglück förmlich genießen, ja es – bewußt oder unbewußt – selbst herbeiführen, um sich in ihrer pessimistischen Lebensauffassung bestätigt zu sehen. Sollten Sie zu diesen Menschen gehören, so kann Ihnen auch dieses Buch nicht helfen. Allen anderen aber sei gesagt:

Es hat zwar niemand einen verbrieften Anspruch darauf, glücklich zu sein.
Aber es hat auch niemand die Pflicht, unglücklich zu sein.

1 Was ist Glück?

Die deutsche Sprache kennt nur das Wort Glück und differenziert nicht – wie zum Beispiel die englische Sprache mit »luck« und »happiness« – zwischen Glück haben (im Glücksspiel) und glücklich sein. Ersteres soll uns in diesem Zusammenhang nicht interessieren, weil ein näheres Eingehen darauf den Rahmen dieses Buches sprengen würde. Außerdem: ein Mensch, der Glück *hat,* muß nicht notwendigerweise glücklich *sein.* Andererseits kann ein Mensch, der kein Glück hat, durchaus ein glücklicher Mensch *sein.*

Das Glück wird meistens als etwas Flüchtiges, Zufälliges angesehen. »Das Glück ist kugelrund, es trifft wohl manchen Pudelhund«, heißt es in einem Sprichwort. Oder noch deftiger: »Das Glück ist eine blinde Kuh und läuft dem dümmsten Ochsen zu.« Aber man muß nicht unbedingt auf den Zufall warten, um glücklich zu werden.

Sicher läßt sich das Glück nicht zwingen, aber man sollte ihm wenigstens eine Chance geben.

Aber was ist denn nun Glück? – Reichtum, Ehre, Liebe? Oder nur das Nichtvorhandensein von Unglück, wie manche Zyniker behaupten? Eine verbindliche Festlegung des Begriffs »Glück« ist wohl unmöglich. Für jeden Menschen bedeutet es etwas anderes, denn Glück ist eine sehr individuelle Erfahrung. Aber einen gemeinsamen Nenner gibt es doch, von dem man ausgehen kann:

Glück ist Leben in Harmonie mit sich und der Umwelt.

Wenn Sie auf die Glücksmomente zurückblicken, die Sie selbst erlebt haben, so werden Sie diese Definition bestätigt finden. Sei es ein Liebesglück, eine in der Natur verbrachte Stunde, die Freude über die Geburt eines Kindes: In solchen Augenblicken ist der Mensch eins mit sich und der Welt, da gibt es keine Zweifel und Fragen mehr, Vergangenheit und Zukunft versinken, und nur der Augenblick zählt, den man ganz und tief erlebt. Das ist vollkommene Harmonie, in die sich weder aus uns selbst heraus noch aus der Umwelt störende Dissonanzen mischen.

In frühester Kindheit sind diese Dissonanzen – Hunger, physisches Unbehagen, Einsamkeit – noch überschaubar. Ein frisch gewickeltes, sattes Baby in den Armen seiner Mutter ist der Inbegriff vollkommenen Glücks: Es ist mit sich und der Welt einverstanden, denn seine Bedürfnisse sind befriedigt. Das Heranwachsen und das Erwachsenendasein bringen jedoch immer differenziertere Bedürfnisse mit sich, die auch immer schwerer zu befriedigen sind. Die Momente vollkommenen Glücks werden seltener.

Es scheint dem Menschen nicht beschieden zu sein, ein ganzes Leben lang in Harmonie mit sich und seiner Umwelt zu sein. Aber auch wenn sich dieses Ideal nicht verwirklichen läßt, so ist das kein Grund, nicht trotzdem nach seiner Verwirklichung zu streben.

Je häufiger die Augenblicke der Harmonie auftreten und je länger sie anhalten, desto glücklicher ist der Mensch. Es gibt Störfaktoren, deren Beseitigung nicht in unserer Macht liegt – aber auch hier gibt es Möglichkeiten, die negativen Wirkungen möglichst einzuschränken. Vieles jedoch, was unserem Glück hinderlich ist, ist bei genauem Hinsehen ohne weiteres aus dem Weg zu räumen.

Zwar sagt ein deutscher Dichter:

Das Glück, sagt man, sei nur Schein,
und so ist es!
Bilde dir ein, glücklich zu sein,
und du bist es!

Friedrich Martin von Bodenstedt

Aber ob das Glück nun tatsächlich oder nur in der Einbildung existiert, ist – wenn man's recht betrachtet – gar nicht wichtig.

2 Warum sind Menschen unglücklich?

Nicht umsonst sagt man von manchen Menschen: »Sie haben ein glückliches Naturell.« Ein glückliches Naturell – das ist im Grunde nichts weiter als die Bereitschaft, glücklich zu sein. Diese Bereitschaft kann angeboren, vererbt sein. Aber auch durch Umwelt und Erziehung kann sie gefördert, ja regelrecht trainiert werden.

Ein Mensch, der in seiner Kindheit viel Gutes und Schönes erfahren, also viele Glücksmomente erlebt hat, wird nie ganz unglücklich sein können. Denn er nimmt etwas sehr Wertvolles mit in sein Erwachsenendasein: das Wissen nämlich, daß es das Glück gibt. Als Eltern und Erzieher können Sie also viel dazu beitragen, daß aus Ihrem Kind ein glücklicher Mensch wird. Aber auch für Erwachsene ist es noch nicht zu spät. Das soll dieses Buch beweisen.

Trotzdem scheint das Unglück in der Welt zu überwiegen. »Ein Unglück kommt selten allein«, sagt man. Und im russischen Volksmund wird die scheinbare Zwangsläufigkeit des Unglücks noch deutlicher: »Gehe schnell, und du wirst das Unglück einholen; gehe langsam, und es holt dich ein.«

Darf man diesen Weisheiten aus dem Volksmund wirklich unbesehen Glauben schenken? Ich bezweifle es. Denn ebenso gut – oder schlecht –, wie man die zitierten Sprichwörter auf das Unglück anwendet, könnte man sie auch auf das Glück beziehen. Die bereits erwähnte scheinbare Zwangsläufigkeit, mit der Unglücksfälle sich häufen, hat eine einfache Erklärung: Wer sich für einen Pechvogel hält, erwartet Unglück – er entwickelt die Bereitschaft, unglücklich zu sein. Eine solche Bereitschaft aber muß das Unglück förmlich anziehen.

Damit ist aber noch immer nicht geklärt, warum Menschen unglücklich sind. Ich meine: Die meisten Menschen, die unglücklich sind, verdienen es nicht besser!

Es scheint in der menschlichen Natur zu liegen, ständig von einem zukünftigen Glück zu träumen – und darüber das gegenwärtige zu verschlafen.

Zugegeben – das verschlafene Glück kann manchmal klein scheinen, aber dafür hat man es wenigstens sicher. Vom sogenannten »großen Glück« und was davon zu halten ist, wird später noch zu sprechen sein. Sehr oft wird auch die Gelegenheit, glücklich zu sein, schlichtweg verpaßt – manchmal, weil man sie nicht erkennt, meistens aber, weil man viel zu »beschäftigt« ist mit Dingen, die wichtiger zu sein scheinen –, um sie wahrzunehmen. Aber Glück läßt sich nun einmal weder aufschieben noch aufsparen oder gar nachholen. Glück ist also sozusagen eine leicht verderbliche Ware – zum alsbaldigen Genuß bestimmt.

3 Dem Glück eine Chance geben

Wir stellen fest, daß man das Glück zwar nicht zwingen kann, daß man ihm aber zumindest eine Chance geben sollte. Das würden die meisten Menschen auch gerne tun – wenn sie nur wüßten, wie sie es anfangen sollen. Diese »Unwissenheit« hat meiner Meinung nach folgende Ursachen:

▷ *Die Menschen stehen ihrem Glück im Weg.*

Wer immer nur Schattenseiten sucht, wird bald blind werden für die Sonnenseiten des Lebens. Eine negative Einstellung färbt immer auch die Ereignisse negativ. Denn alles, was uns im Leben widerfährt, wird zu dem, was wir selbst daraus machen.

Und was wir für kein großes Unglück halten, ist auch keines.

▷ *Die Menschen erkennen ihr Glück nicht.*

Es geht ihnen wie einem ungeübten Pilzsammler, der auf dem Laubteppich des Waldes umhertapst und keinen Pilz findet, obwohl genug dort wachsen – weil er keinen Blick dafür hat. Wie der besagte Pilzsammler beinahe über die Pilze stolpert, ohne sie zu sehen, so ist auch den meisten Menschen das Glück nahe, ohne daß sie es bemerken. So geschieht, was in einem bekannten Lied beschrieben wird:

»Und rennst du auch nach deinem Glück –
das Glück rennt hinterher.«

▷ Die Menschen wissen nichts mit ihrem Glück anzufangen, weil sie zu wenig Übung im Umgang mit dem Glück haben. Ihre Gedanken sind ständig in der Vergangenheit und in die Zukunft unterwegs, beschäftigen sich mit verpaßten Gelegenheiten und zukünftigen Glücksereignissen. Darüber wird der gegenwärtige Augenblick kaum beachtet und genutzt. Dabei besteht das Leben aus nichts anderem als einer einzigen Kette aneinandergereihter Augenblicke, die im Nu zu unwiederbringlicher Vergangenheit werden.

Wie Sie solche Fehler vermeiden können, wie Sie Ihrem Glück ein Stückchen entgegengehen, ihm ein wenig nachhelfen können, davon soll im folgenden die Rede sein. Denn es liegt – allen äußeren Umständen zum Trotz – in Ihrer Hand, was Sie aus Ihrem Leben machen.

4 Auf die Einstellung kommt es an

Nicht immer sind große Veränderungen nötig, um aus einem unglücklichen Zustand einen glücklichen oder zumindest erträglichen zu machen. Oft reicht schon ein bloßes Umdenken aus, eine *Änderung der Einstellung*.

Wenn man seine Umgebung durch die verschiedenen Seiten eines Prismas betrachtet, nimmt sie jeweils die Farbe des Glases an, durch das man gerade blickt. Ähnlich ist es im täglichen Leben: Ein Optimist wird ein und dieselbe Sache in einem anderen Licht sehen als ein Pessimist, ein Choleriker wird sie anders betrachten als ein Melancholiker usw. Durch diesen »Beleuchtungswechsel« ändert man zwar nicht die Dinge selbst (davon wird später zu sprechen sein), aber das Leben sieht einen doch schon wesentlich freundlicher an, wenn man selbst es aus einem positiveren Blickwinkel sieht.

Wir haben ohnehin für gewöhnlich eine recht unzutreffende Vorstellung von den »Proportionen« der Dinge, die uns widerfahren. Die Bedeutung, die wir diesen Dingen beimessen, ist – verglichen mit der Länge oder besser: der Kürze des menschlichen Lebens – meistens nicht nur lächerlich, sondern ganz und gar unvernünftig. Ein Ärgernis, mit dem man innerlich in wenigen Minuten fertig werden könnte (etwa eine überfüllte Straßenbahn, ein Verkehrsstau, eine unfreundliche Verkäuferin und so weiter), plagt uns oft noch nach Stunden und verdirbt uns mitunter den ganzen Tag.

Wir neigen leider oft nur allzusehr dazu, in einem kleinen Übel ein großes Unglück zu sehen, aus einer Mücke einen Elefanten zu machen.

Treten Sie also innerlich einen Schritt zurück – mit einem bißchen Abstand präsentieren sich die Dinge meistens auch ein bißchen anders. Vielleicht gelingt es Ihnen dann sogar, darüber zu lachen.

Etwas, worüber Sie lachen können, kann Sie nicht mehr ärgern.

Gelingt es Ihnen nicht, über die kleinen Ärgernisse zu lachen, dann lachen Sie eben über sich selbst. Denn ist es nicht mitunter wirklich komisch, wie wir uns über völlig nichtige, unbedeutende Dinge erregen? Treten Sie wieder einen – geistigen – Schritt zurück und betrachten Sie sich selbst. Wenn Sie nicht vollkommen humorlos sind, sollte es dann schon um Ihre Mundwinkel zu zucken beginnen.

Wer sich von kleinen Übeln aus der Fassung bringen läßt, verbittert sich viele Stunden seines Lebens. Denken Sie daran, wenn Ihnen das nächste Mal ein Teller aus der Hand rutscht und zersplittert, wenn Sie sich mit dem Hammer auf den Daumen schlagen oder wenn überhaupt »mal wieder alles schiefgeht«.

Ist ein so kleiner Anlaß denn wirklich einen so großen Aufwand an Emotionen wert? Dadurch, daß Sie sich ärgern, ändern Sie nichts – wohl aber dadurch, daß Sie einfach darüber lachen. (Was Sie tun sollten, wenn Sie zu einem Lächeln wirklich nicht mehr imstande sind, davon wird in einem späteren Kapitel die Rede sein.) Versuchen Sie es einmal – und üben Sie es! Nur ein kleinlicher Zeitgenosse verbeißt sich in Kleinigkeiten, ein großzügiger Mensch geht lächelnd darüber hinweg. Auf die befreiende und entwaffnende Wirkung des Lachens werden wir im folgenden Kapitel noch ausführlich eingehen.

Soll man sich nun über gar nichts mehr ärgern? Gewiß nicht über Dinge, von denen es nicht lohnt, ein Aufhebens zu machen. Jemand, der dauernd jammert und sich beklagt, wird schließlich nicht mehr ernst genommen. Das gilt im Beruf genauso wie in der Familie, in der Kindererziehung genauso wie in der Partnerschaft. Am besten warten Sie ab, bis sich der Ärger wirklich lohnt, bis er zum »konstruktiven Zorn« wird, es sich also um eine wirklich wichtige Sache handelt.

Dann äußern Sie Ihren Zorn ruhig nachdrücklich, wenn es sein muß, auch lautstark. Eben weil man bei Ihnen solche Ausbrüche nicht gewohnt ist, wird man aufhorchen und Ihr Anliegen desto ernster nehmen. Auf diese Art und Weise erreichen Sie mehr mit weniger Aufwand.

5 Lachen ist wirklich gesund

Lachen ist gesund«, »Lachen ist die beste Medizin«, »Einmal lachen hilft besser als dreimal Medizin nehmen« – das sind Binsenwahrheiten, die wir alle kennen. Aber wie oft setzen wir sie wirklich in die Tat um? Wie oft lachen und lächeln wir ganz spontan?

Betrachten Sie einmal die Menschen in der Straßenbahn, im Bus, die Autofahrer während der Stoßzeit, die einkaufenden Frauen in der Innenstadt – Sie werden fast ausschließlich verkniffene, verbissene Gesichter sehen. Dadurch aber löst sich kein Verkehrsstau auf, die Schlange vor der Kasse des Warenhauses wird nicht kürzer, und der Bus fährt auch nicht schneller. Nur Narren, Kinder und Verliebte scheinen in unserer Welt noch lachen oder lächeln zu können.

Nun stellen Sie sich einmal vor, daß alle diese Menschen plötzlich zu lächeln beginnen würden! Zwar löst sich dadurch kein Verkehrsstau auf, eine wartende Menschenschlange verkürzt sich nicht, und der Bus kommt ebenfalls nicht schneller voran. Und doch hätte sich etwas Wesentliches verändert! Das Warten würde uns leichter gemacht, statt von Ärger wären wir von Heiterkeit erfüllt, die Welt wäre ein klein wenig wärmer und schöner geworden. Und das alles kostenlos und gratis.

Daß trotzdem in solchen und ähnlichen Situationen so selten gelächelt oder gelacht wird, ist bedauerlich und im Grunde unverständlich. Man sollte fast meinen, daß die Menschen sich nicht getrauen zu lachen, daß sie das Lachen für etwas Unanständiges halten.

Dabei hat Lachen noch niemand geschadet.

Lachen ist nicht nur gesund – beim Lachen werden eine Menge Muskeln in Bewegung gesetzt, und Muskelarbeit ist gerade für den heutigen Menschen, der viel zuwenig Bewegung hat, eine Notwendigkeit.

Lachen ist auch »Seelengymnastik«.

Es entschlackt und befreit von lästigen kleinen Dingen, die uns sonst nur unnütz ärgern würden – ähnlich wie das Niesen für eine freie, unbehinderte Atmung sorgt.

Auch Heiterkeit kann man trainieren. Wer sich bemüht, über kleine Ärgernisse hinwegzulachen, dem wird ein solches positives Verhalten bald zur Gewohnheit, und er wird auch imstande sein, gelassen über größere Widrigkeiten zu lächeln. Es ist zwar nicht verkehrt, alle Dinge wichtig zu nehmen – aber für ganz todernst sollte man nichts in dieser Welt ansehen. Denn:

Das Leben ist schwer –
ein Grund mehr,
es auf die leichte Schulter zu nehmen.

Emil Gött

In manchen Lagen weiß man im ersten Moment nicht, ob man lachen oder weinen soll. Etwa wenn unvermutet Besuch kommt, auf den man absolut nicht eingerichtet ist. Oder wenn der Sprößling, statt seinen Spinat zu essen, mit diesem die Küche in ein grünes Chaos verwandelt hat. Oder wenn bei der Reparatur eines Türschlosses gleich die ganze Türfüllung herausbricht. Wenn Sie im Zweifel sind, entscheiden Sie sich ruhig fürs Lachen – denn:

Lachen ist allemal besser als Weinen!

Das Lachen ist eine befreiende und entwaffnende Kraft, die viele Situationen entschärfen kann. Was Worte nicht vermögen, schafft oft ein freundliches Lächeln, ein warmherziges Lachen. Das Lachen ist ein Verständigungsmittel, das die verschiedenen sozialen Gruppen, ja die Völker verbindet. Probieren Sie es aus, und Sie werden feststellen: Lächeln entspannt nicht nur Sie selbst, sondern oft auch eine ungute Atmosphäre.

Lassen Sie sich durch die Abwehrhaltung mancher Mitmenschen nicht entmutigen – diese armen Wesen wissen eben nicht, was sie sich entgehen lassen. Letztlich ist das Leben immer so, wie wir es betrachten:

Lächeln Sie – und das Leben lächelt zurück.

6 Mit den Wölfen heulen

If you can't beat them, join them«, sagen die auch in moralischer Hinsicht recht praktisch denkenden Engländer, was soviel heißt wie: »Wenn du deine Feinde nicht überwinden kannst, dann schließe dich ihnen an.« Oder auch: »Mit den Wölfen heulen.«

Ich möchte dieses Wort etwas abwandeln und folgendermaßen formulieren: Wenn eine Sache wirklich nicht zu ändern ist, dann verschwenden Sie nicht Ihre Zeit und Energie darauf, es trotzdem zu versuchen. Finden Sie sich damit ab, und machen Sie das Beste daraus.

Ein einfaches Beispiel: Wenn es regnet, werden Sie durch Schimpfen keinen Sonnenschein herbeizaubern. Im Gegenteil: Sie haben dann nicht nur mit der unabänderlichen Tatsache des Regens fertig zu werden, sondern obendrein auch noch mit Ihrem Ärger. Wenn Sie aber »mit den Wölfen heulen«, also das Beste daraus machen, zum Beispiel sich Regenzeug anziehen und einen herrlich erfrischenden Spaziergang machen, oder sich darüber freuen, daß Sie es in der warmen Stube richtig gemütlich haben, sparen Sie sich nicht nur den Ärger, sondern gewinnen dem Regen auch noch eine gute Seite ab.

Ein solches Verhalten hilft nicht nur bei Regenwetter, sondern auch bei wesentlich schwerwiegenderen Vorkommnissen!

Die Welt ist nicht aus Brei und Mus geschaffen,
deswegen haltet euch nicht wie Schlaraffen.
Harte Bissen gibt es zu kauen;
wir müssen erwürgen oder verdauen.

sagte der große Lebenskünstler Johann Wolfgang von Goethe. Und wie bei der physiologischen Verdauung der Nahrung die zum Aufbau und zur Kräftigung des Körpers notwendigen Stoffe entnommen werden, so wächst und kräftigt sich auch »der innere Mensch«, indem er die harten Brocken, die ihm das Leben mitunter vorlegt, verarbeitet und verdaut.

Kein gesunder Mensch würde mit einer nur aus Kuchen und Süßspeisen bestehenden Kost zufrieden sein. Eine solche Nahrung wäre ihm kaum zuträglich. Genauso unzuträglich wäre dem menschlichen Charakter, der menschlichen Seele ein Leben, das nur aus lauter Schokoladenseiten besteht.

Weder die Welt noch die Menschen, die in ihr leben, sind vollkommen. Sie und ich sind es nicht. Aber wir alle haben eben nur diese Welt, um darin zu leben, und so müssen wir, wollen wir ihre Sonnenseite genießen, auch den Schatten mit in Kauf nehmen.

Wenn Widerstand vergebens ist,
unterwirft sich die Weisheit;
nur ein Tor sträubt sich.

Wer sich sträubt, macht sich eckig und trägt, weil er sich dabei leicht stößt, Verletzungen davon. Wer biegsam und geschmeidig nachgibt, wird unbeschadet wieder auf die Füße fallen. Jeder Mensch, der Lebensweisheit besitzt, wird auch aus ihm widerstrebenden Situationen das Beste zu machen wissen. Und wer nie Bitteres gekostet hat, weiß nicht, was süß ist.

7 Jedes Ding hat zwei Seiten

Jedes Ding hat mindestens zwei Seiten. Nur ist man oft nicht dazu in der Lage, die positiven Seiten, die jedes noch so negative Ereignis hat, auch zu erkennen. Das ist meistens der Fall, wenn wir uns in einer ganz bestimmten Erwartung enttäuscht sehen. Etwa – um auf das Beispiel des vorigen Kapitels zurückzugreifen – wenn statt des erhofften Sonnenscheins Regenwolken auftauchen. Oder wenn wir mit jemandem verabredet sind, der dann nicht kommt. Oder wenn die Stellung, auf die man solche Hoffnung gesetzt hat, ein anderer bekommt. Oder ... oder ...

Alle diese unerfüllten Erwartungen bedeuten eine Enttäuschung für uns. Enttäuschungen wirken niederdrükkend, sie machen uns unglücklich. Der Mensch lebt von Erwartungen und Hoffnungen. Deshalb ist, wenn diese Erwartungen und Hoffnungen sich nicht erfüllen, das Gefühl, vom Schicksal benachteiligt zu werden, nur natürlich. Aber da dieses Gefühl weder positiv noch konstruktiv ist, sollte man sich ihm nur für den ersten Moment, sozusagen in der »Schrecksekunde« hingeben.

Alles im Leben hat seinen Sinn;
man muß nur bereit sein, ihn zu erkennen.

Wer weiß, wozu es gut war, daß diese Ihre besondere Hoffnung oder Erwartung nicht in Erfüllung ging? Vielleicht schließt die Firma, bei der Sie sich so hoffnungsvoll beworben hatten, schon nach kurzer Zeit ihre Pforten, und Sie hätten auf der Straße gesessen. Oder Sie erhalten ein wesentlich besseres Angebot von einer anderen Seite, das Sie hätten ausschlagen müssen, wenn Ihre Erwartung sich erfüllt hätte. Oft erkennt man erst sehr viel später, daß das Ereignis, das statt dessen eintrat, sehr viel Besseres bereithielt – obwohl man sich zunächst sträubte, es zu akzeptieren. Wenn Sie rückblickend Ihr Leben betrachten, werden Sie sicher feststellen, daß Sie selbst schon viele derartige Erfahrungen gemacht haben.

Man muß auch ein klein wenig Vertrauen in sein Schicksal haben – auch das bedeutet, dem Glück eine Chance zu geben. Sehr hübsch und ironisch hat Karl Heinrich Waggerl das formuliert:

Man soll das Schicksal nicht mit Vorschlägen verärgern,
es legt zu viel Wert auf seine eigenen Einfälle.
Und geben wir's zu:
So schlecht sind diese Einfälle gar nicht immer.

Mit Fatalismus, also blinder Ergebung in alles, was einem widerfährt, hat eine solche Einstellung nichts zu tun. Sicherlich hat der Trieb, sich nicht mit Bestehendem abfinden zu wollen, die Menschheit ein ganzes Stück weitergebracht. Nur hilft es nun einmal nichts, wenn man gegen Windmühlenflügel zu kämpfen versucht, wie der brave Don Quijote. Die Energie, die man auf ein solches Gefecht verwendet (um nicht zu sagen: verschwendet), trägt keine Früchte, sondern ermattet uns nur. Wer nach einer Enttäuschung bereit ist, wenigstens Ausschau zu halten nach den guten Seiten seiner Situation, ist auf dem besten Weg, ein glücklicher Mensch zu werden.

Das, was letztlich unser Leben ausmacht,
sind nicht die Ereignisse selbst, die uns widerfahren,
sondern das, was wir aus ihnen machen.

8 Die Kehrseite des Glücks

Die Philosophie des Abendlandes ist eine Philosophie der Gegensätze. Wir lernen, daß Leben das Gegenteil von Tod ist, Wärme das Gegenteil von Kälte, Glück das Gegenteil von Unglück. Grammatikalisch ist das sicherlich richtig, aber für das Leben taugt eine solche Weltanschauung recht wenig. Einmal, weil sie unpraktisch ist; vor allem aber, weil sie nicht stimmt. Es handelt sich nämlich bei den angeführten Beispielen (genau wie bei allen anderen sogenannten »Gegenteilen«) gar nicht um Gegensätze, sondern um zwei Seiten der gleichen Sache. Beide Seiten bedingen einander; die eine ist die Voraussetzung für die andere und umgekehrt. Dies zu wissen – und als notwendig zu akzeptieren – ist ein Stück praktischer Lebensweisheit.

Wir werden vom Schicksal hart oder weich geklopft; es kommt auf das Material an.

Dieses kluge Wort stammt von Marie von Ebner-Eschenbach. Es ist ein Wort, das man sich merken sollte. Denn wie oft werfen wir dem Schicksal Ungerechtigkeit vor und wollen nicht einsehen, daß die Ursache unseres Unglücks allein im »Material«, nämlich in uns selbst zu finden ist. Widrigkeiten und Unglücksfälle begegnen uns nicht, damit wir daran zerbrechen, sondern damit wir daran wachsen. Jede Erfahrung, die wir im Leben machen, muß verwertet werden, sonst war sie sinnlos. Und alles, was uns begegnet, erhält seinen Sinn, wenn wir daraus lernen, wenn wir dadurch ein wenig weiser werden und wenn wir ein Stück daran wachsen.

Wer auch im Unglück Haltung zu bewahren vermag, wird sich weder nutzlosen Klagen hingeben noch wird er an einem Schicksalsschlag zerbrechen.

Das Unglück ist der Ballast,
der uns auf dem Ozean des Lebens
im Gleichgewicht hält,
wenn wir keine Glücksgüter mehr zu tragen haben,

meint Ludwig Börne. Gleichgewicht zu halten ist wohl die wichtigste Bewegung, die man sich für sein Leben vorstellen kann. Das Leben ist zwar weder ein Mensch-ärgere-dich-nicht- noch ein Kartenspiel; aber hier und dort zeigt ein Mensch erst so recht, was in ihm steckt, aus welchem »Material« er ist, wenn das Glück sich gegen ihn wendet: nämlich, ob er mit Anstand zu verlieren versteht.

Um ein glücklicher Mensch zu werden,
muß man bereit sein, auch das Unglück zu akzeptieren.

Das klingt paradox und ist doch weiter nichts als Einsicht in das Notwendige. Wer etwas Unabänderliches akzeptiert, sagt »ja« dazu, hat eine positive Einstellung. Auch das ist Freiheit. Denn selbst im Unglück hat man noch die Wahl zwischen Ablehnung und Zustimmung. Ablehnung ist naturgemäß die erste Reaktion auf mißliche Situationen und Ereignisse. Wer sich aber dann zur Zustimmung überwindet, meistert auch ein widriges Schicksal.

Gegen Unabänderliches anzurennen ist Schwäche,
sich darein zu finden ist menschliche Stärke.

9 Die Zeit heilt Wunden

Kein allzu langer Schmerz muß unsere Ruhe stören,
und wenn es Menschsein ist, daß unsre Seele trauert,
so ist es Weisheit aufzuhören.

Diese Zeilen schrieb der heute längst vergessene Dichter Johann Peter Uz. Nur – diese Weisheit strebt zwar jeder an, doch wer ist imstande, sie auch zu verwirklichen?

Im Leben jedes Menschen geschehen Dinge, mit denen er sich nicht abfinden zu können glaubt. Für jemanden, dem ein lieber Mensch gestorben ist oder der von einem geliebten Partner verlassen wurde, gibt es in der ersten Zeit kaum Trost. Hier muß die Zeit die Wunden heilen. So wie das Glück nicht ewig dauert, so sind auch Trauer und Schmerz nicht unendlich. Mit der Zeit werden sie blasser, gedämpfter, erträglicher. Und eines Tages sieht man wieder, daß die Welt noch immer schön, das Leben noch immer lebenswert ist.

Die Menschen, die an gebrochenen Herzen sterben, sind Ausnahmen. Uns Durchschnittsmenschen ist ein natürlicher Lebenswille angeboren, der uns schließlich auch die tiefste Trauer, den größten Schmerz überwinden läßt.

Und wie in allem Bösen
immer auch ein Quentchen
Gutes zu finden ist,
so trägt auch jeder Schmerz
schon seinen Trost in sich.

Wer dieses zu sehen vermag, wird durch einen Schmerz nur reifer und nicht daran zerbrechen.

Man soll sich aber auch nicht scheuen, sich ganz seinem Schmerz, seiner Trauer hinzugeben. Trauern ist die einzige Art, um Trauer zu überwinden. Menschen, die weinen können – und es gibt viele, die es durch Erziehung oder falsche Vorstellungen von »Männlichkeit« verlernt haben! –, waschen ihren Kummer durch Tränen am schnellsten fort. Den anderen sei ein Wort von Ernst von Feuchtersleben mitgeteilt, in dem die menschliche Natur voll Treffsicherheit gezeichnet wird, wie sie, gerade durch die scheinbar banalen Dinge des Lebens, sich immer wieder aufrappelt:

Die Trauer kommt von innen und untergräbt
aus der Tiefe den menschlichen Organismus.
Ein Verdruß, der von außen kommt,
stellt das Gleichgewicht am besten wieder her.

10 Angst ist destruktiv

Es gibt zwei Arten von Angst. Die eine ist eine Vorsorgemaßnahme der Natur, die uns vor leichtsinnigem, unbedachtem Hineintappen in eine Gefahr beschützen soll. Auch Tiere schrecken ja vor ihnen unbekannten oder unheimlich wirkenden Gegenständen zunächst einmal zurück. Besonders ausgeprägt ist diese Reaktion bei sogenannten Fluchttieren wie den Pferden, die sich im Zweifelsfalle eilends in Sicherheit bringen. Ein solches Verhalten ist auch dem Menschen angeboren, hat sich aber im Verlauf der Zivilisation immer mehr verwischt. Aber es gibt genug Menschen, die in manchen Situationen ein »ungutes Gefühl« haben, das sie nicht näher erklären können, das sie aber niemals trügt – eine Art zuverlässigen Warninstinkts also. Diese Art der Angst ist durchaus positiv zu bewerten.

Die andere Art der Angst, von der hier die Rede sein soll, ist die unbegründete Angst, die an unseren Nerven zerrt, also destruktiv auf uns einwirkt. Diese destruktive Angst ist wie ein Krebsgeschwür, das – wenn es nicht rechtzeitig an seiner Ausbreitung gehindert wird – wild weiterwuchert und schließlich den gesamten Organismus vergiftet. Im einen wie im anderen Fall hilft meistens nur ein radikaler Eingriff. In diesem Zusammenhang bedeutet das:

Bringen Sie das, wovor Sie sich fürchten, so bald wie möglich hinter sich!

Meistens werden Sie feststellen, daß das, was Sie ängstigt. längst nicht so schlimm ist wie die Angst davor. Wenn Sie diese Erfahrung einmal gemacht haben, wird sie Ihnen viel dabei helfen, Ihre Ängste zu überwinden. Denn, wie der englische Dichter Collin einmal sagte: »Der Sieg erzeugt den Mut, der Mut den Sieg.« Wenn Sie Ihre Angst erst einmal überwunden haben, wird es Ihnen immer wieder gelingen.

Je länger ein Angstzustand andauert, desto nervöser macht er uns, so daß wir uns am Ende der auf uns zukommenden Gefahr oder dem, was wir dafür halten, tatsächlich nicht mehr gewachsen sehen.

**Vermeiden Sie um jeden Preis,
sich selbst verrückt zu machen,
wenn Sie nicht Gefahr laufen wollen,
von Ihrer Angst überwältigt und gelähmt zu werden.**

Zögern und Hinausschieben ist das Schlimmste, was man in solchen Fällen tun kann. Es ist wie beim Schwimmsport, wenn man auf dem Sprungbrett steht: Je länger man mit dem Springen wartet, desto ängstlicher wird man. Der Sprung selbst ist dann, wenn man ihn endlich wagt, eine richtige Erlösung.

Manche Menschen versuchen, sich mit Alkohol über ihre Ängste hinwegzuhelfen. Ein Gläschen Alkohol hat zwar schon aus manchem Hasenfuß einen Berserker gemacht, aber dennoch sollte man damit sehr vorsichtig sein. In Ausnahmefällen hilft ein Schluck Cognac sicherlich, die durch Angst hervorgerufene körperliche Verkrampfung im Solarplexus schnell zu lösen, aber man sollte dieses Mittel wirklich nur auf Ausnahmefälle beschränken. Die Gefahr liegt nahe, auf diese Art und Weise unmerklich zum Alkoholiker zu werden – was den Teufel mit dem Beelzebub auszutreiben hieße und, statt ein Problem zu lösen, ein neues schaffen würde.

Lenken Sie sich besser ab, vielleicht indem Sie sich eine Arbeit vornehmen, bei der Sie sich sehr konzentrieren müssen. Oder lesen Sie ein spannendes Buch, sehen Sie sich einen spannenden Film an. Oft hilft auch körperliche Bewegung, und sehr gut sind Atemübungen, um die falsche Angstatmung in eine ruhige, langsame Atmung umzuwandeln. Dadurch werden die durch Angst entstandenen körperlichen Spannungen abgebaut, was wiederum eine Dämpfung des Angstzustandes zur Folge hat.

Ängste – seien sie berechtigt oder unberechtigt – sind weder konstruktiv, noch tragen sie dazu bei, unsere Lage zu verbessern. Im Gegenteil: sie erschweren uns nur das Leben. Ob Sie Angst vor dem Zahnarztbesuch haben oder Angst vor fremden Menschen: Ihre Angst wird in den meisten Fällen schlimmer sein als das, was Sie wirklich erwartet. Oder, wie es in einem Sprichwort aus Nigeria heißt:

Die Stärke des Leoparden
besteht in der Furcht vor dem Leoparden.

11 Keine Angst vor Veränderungen

Wir haben in den vorhergehenden Kapiteln festgestellt, daß es im menschlichen Leben Dinge gibt, die nicht zu ändern sind, und Dinge, zu denen man nur eine neue Einstellung zu gewinnen braucht, um sie in einem positiveren Licht zu sehen. In den folgenden Kapiteln wollen wir uns nun mit Sachverhalten und Situationen beschäftigen, bei denen es ganz bei uns selbst liegt, sie nach unseren Vorstellungen und Wünschen zu gestalten oder zu ändern. Das Leben bietet uns in dieser Beziehung eine so große Vielfalt von Möglichkeiten, daß man eigentlich nur darüber staunen kann, warum die wenigsten Menschen sich diese Möglichkeiten zunutze machen.

Haben Sie nicht auch schon manchmal, wenn Sie so recht von Herzen mit etwas unzufrieden waren, geseufzt: »Ja, wenn ich könnte, wie ich wollte, dann ...«? Und dann haben Sie es beim Seufzen belassen und nicht einmal den Versuch gemacht, das, was Sie wollen, in die Tat umzusetzen.

Dabei können Sie ja, wenn Sie nur wollen!

Ein so großer Teil Ihres Lebens, Ihres Schicksals, Ihres Glücks ist in Ihre eigene Hand gegeben, und es liegt ganz allein bei Ihnen, was Sie damit anfangen. Und doch verspielen die meisten Menschen diese Chance, indem sie sich mit einem kleinmütigen »ja, wenn ...« begnügen.

Das größte Hindernis, das sich uns in den Weg stellt, wenn wir mit dem Gedanken spielen, unsere Lage zu verändern, ist wohl die Angst vor eben dieser Veränderung. Zwar behagt uns die gegenwärtige Lage durchaus nicht, aber wir sind doch wenigstens mit ihr vertraut, während das, was wir uns durch eine Veränderung – so sehr wir sie auch wünschen mögen – einhandeln, ziemlich ungewiß zu sein scheint. Ungewißheit ängstigt und verunsichert, und nichts ist den meisten von uns wichtiger als Sicherheit. Auch wenn es nur die Sicherheit ist, daß die Zustände, so wie sie sind, uns mißfallen.

Diese Angst vor Veränderungen, die uns vor einer tatkräftigen Realisierung unserer Wünsche zurückschrecken läßt, ist sicher nicht unberechtigt. Schließlich besteht ja durchaus die Möglichkeit, daß wir unsere Lage durch eine Veränderung verschlechtern, statt verbessern. Ein Berufswechsel etwa oder ein Umzug will in allen Konsequenzen bedacht sein, ehe er in die Tat umgesetzt wird. Sonst kann es tatsächlich bittere Enttäuschungen geben, die anstelle des erhofften glücklicheren Lebens nur noch mehr Unzufriedenheit in unser Dasein bringen. Wie man solche Risiken vermeidet oder zumindest verringern kann, wird noch eingehend erläutert werden. Auf jeden Fall sollte man die Angst vor Veränderungen nicht übertreiben. Man läuft sonst Gefahr, sich eine lebenswertere, glücklichere Zukunft durch kleinliche Bedenken zu verbauen.

Ein weiteres Hindernis, das uns davon abhält, unser Leben gestaltend in die eigene Hand zu nehmen, ist die menschliche Trägheit, das Beharren auf einer einmal eingeschlagenen Richtung. Das Trägheitsmoment mag in der Physik gelten – den Menschen, der sich darauf beruft, macht es gleichgültig und stumpf. Wer sein Leben verändern, ihm eine neue Richtung geben will, muß zuerst diesen Stein, den die menschliche Natur sich selbst in den Weg gelegt hat, beseitigen.

Vergessen Sie bei all Ihren Überlegungen zu dieser Problematik nie:

**Wir haben nun einmal nur dieses eine Leben.
Deshalb sollten wir versuchen,
so viel wie möglich daraus zu machen.**

Hätten wir mehr als nur ein Leben zu unserer Verfügung, so könnten wir es uns vielleicht leisten, eines davon in Unzufriedenheit zu vertun – obwohl auch das schade genug wäre. Aber wir haben eben nur ein Leben. Deshalb ist es nie zu spät, noch einmal von vorne zu beginnen und ganz neu anzufangen.

12 Vom richtigen Wollen

Analysieren wir einmal, was in uns vorgeht, ehe wir eine Änderung unserer gegenwärtigen Situation ins Auge fassen. Es beginnt meistens mit einer allgemeinen Unzufriedenheit. Wir erkennen, daß unsere Lage, so wie sie ist, unbefriedigend ist. Das ist der erste Schritt. Daraufhin entsteht in uns der Wunsch, diese Lage zu verändern. Mit dem Wunsch allein ist es aber nicht getan, also müssen wir eine Veränderung auch wollen.

Gehen wir nun die einzelnen Schritte (siehe Abb. 1) der Reihe nach durch:

▷ Eine allgemeine, nicht näher spezifizierte Unzufriedenheit bringt uns nichts ein.

Unzufriedenheit muß konstruktiv sein, wenn sie eine Wirkung haben soll.

Überlegen Sie also genau, womit Sie denn nun eigentlich unzufrieden sind. Nur so können Sie es vermeiden, später am falschen Punkt anzusetzen.

▷ Zur Veränderung eines unbefriedigenden Ist-Zustandes in einen befriedigenden Soll-Zustand reicht es nicht aus, wenn Sie sich nur wünschen, daß es »anders« wird. Sie müssen Ihrer gegenwärtigen Situation etwas Konkretes entgegensetzen können, das »Anders« also näher definieren.

Unzufriedenheit

↓

Wunsch nach Veränderung

↓ ↓

Veränderung wollen | **Veränderung fürchten**

↓ ↓

Durchführung der Veränderung | **SACKGASSE**

Abb. 1

Ein klar erkennbares Ziel läßt sich allemal einfacher realisieren als ein vager Wunschgedanke.

Wie man ein Ziel erkennen kann und erst einmal feststellt, was man überhaupt will, wird im folgenden Kapitel erläutert.

▷ Ehe Sie nun Ihren Willen auf die Erreichung eines Ziels konzentrieren, bedenken Sie auch die Konsequenzen, die sich daraus ergeben. Es ist nun einmal so, daß alle Dinge im Leben auf die eine oder andere Art bezahlt werden müssen. Für die Erfüllung eines Wunsches muß man unter Umständen auf die Erfüllung eines anderen verzichten können. Wenn Sie ein Haus bauen wollen, reicht Ihr Budget möglicherweise nicht für den Kauf eines neuen Autos. Wenn Sie Ihren Beruf wechseln wollen und zu diesem Zweck eine Abendschule besuchen, werden Sie kaum Zeit haben, ins Kino oder zum Tanzen zu gehen.

Prüfen Sie sich selbst genau und kritisch, ob Sie in der Lage sein werden, auf dieses oder jenes zu verzichten, oder ob dieser Verzicht vielleicht zur Quelle neuen Verdrusses werden könnte. Erst wenn Sie ganz sicher sind, daß der Versuch, Ihre Lage zu ändern – selbst wenn dieser Versuch fehlschlagen sollte –, sich lohnt, sollten Sie sich an die Verwirklichung Ihres Wunsches begeben, dann aber auch unter Einsatz all Ihrer Kraft.

Der englische Schriftsteller Rudyard Kipling sagte einmal:

Wer sein Ziel nicht erreicht,
hat es entweder nicht genug gewollt,
oder er hat versucht,
um den Preis zu feilschen.

Wenn Sie sich also über die Konsequenzen Ihres Vorhabens im klaren sind und eine Veränderung ernstlich wünschen und wollen, sind Sie Ihrem Ziel schon einen riesigen Schritt nähergekommen.

13 Herausfinden, was man wirklich will

Leichter als herauszufinden, was man will, ist es meistens festzustellen, was man nicht will. Bevor Sie also überlegen, welches Ziel, welche Veränderung Sie anstreben wollen, definieren Sie zunächst einmal ganz genau, was Ihnen am jetzigen Zustand mißfällt. Sonst kann es vorkommen, daß Sie sich voller Eifer und Tatkraft in eine Lage hineinmanövrieren, die zwar anders, aber nicht besser ist.

Wollen Sie zum Beispiel Ihren Beruf oder Ihren Arbeitsplatz wechseln, denken Sie zunächst einmal darüber nach, warum Ihre gegenwärtige Tätigkeit unbefriedigend ist. Notieren Sie die einzelnen Punkte am besten gleich auf einen Zettel. Diese Notizen können Ihnen bei der späteren Entscheidungsfindung dann noch von großem Nutzen sein.

Um herauszufinden, welches der Beruf oder der Arbeitsplatz ist, der Ihnen die größtmögliche Befriedigung bietet, empfehle ich Ihnen ein ganz einfaches Hilfsmittel (siehe Abb. 2), das auch im Top-Management großer Konzerne erfolgreich angewendet wird. Dieses Verfahren bietet sich nicht nur dann an, wenn Sie sich selbst über Ihr Ziel noch nicht ganz im klaren sind, sondern es kann auch zweckmäßigerweise zur Überprüfung eines schon festumrissenen Zieles eingesetzt werden.

▷ Der erste Schritt ist das sogenannte »Brainstorming«, was etwa soviel wie »Ideenfindung« bedeutet. Notieren Sie wahllos alles, was Ihnen in bezug auf Ihren speziellen Veränderungswunsch als ein eventuell erstrebens-

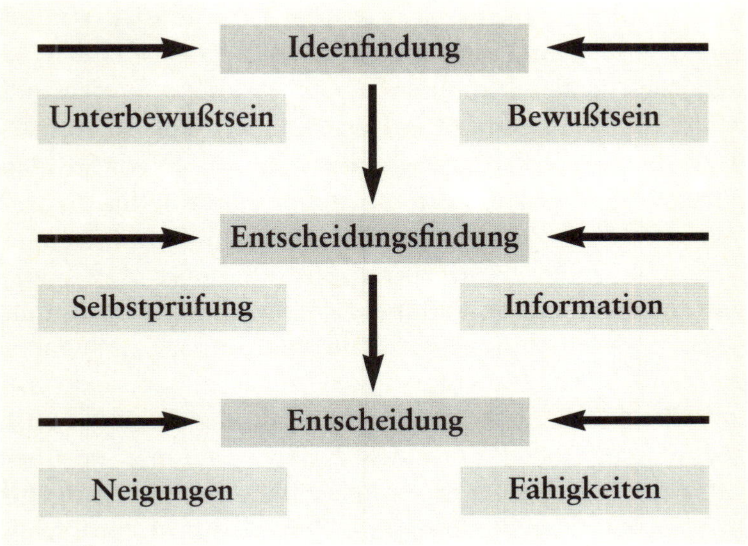

Abb. 2

wertes Ziel erscheint, auch wenn es im ersten Moment noch so abwegig anmuten mag.

Sie werden sich wundern, was bei dieser Gelegenheit alles an geheimen Wünschen zutage kommt! Der große Vorteil des Brainstorming ist nämlich, daß dabei das Unterbewußtsein aktiviert wird. Ideen bilden sich durch Assoziationen, und ein völlig abwegiger Gedanke kann dabei den Anstoß geben zu Einfällen, auf die Sie ohne dieses unbegrenzte Schweifenlassen Ihrer Gedanken gar nicht gekommen wären.

Vor Ihnen liegt nun eine mehr oder weniger lange Liste mit Ideen. Die Verwirklichung einer dieser Ideen soll Ihrem Leben eine neue, glücklichere Wendung geben. Für welche aber sollen Sie sich entscheiden? Einmal scheint Ihnen dieses, dann wieder jenes Ziel das verlockendere zu sein. Sie geraten von einem Zweifel in den anderen und fühlen sich schließlich wie Buridans Esel, der verhungerte, weil er sich nicht entscheiden konnte, ob er das Heu zur Linken oder zur Rechten zuerst fressen sollte.

▷ Auch hier gibt es wieder ein recht einfaches Hilfsmittel: das »decision making«, also die Entscheidungsfindung. Sind Sie bis zu dieser Stelle vielleicht noch ohne Papier und Bleistift ausgekommen, so sollten Sie sich nun unbedingt diese Utensilien zurechtlegen, um damit Ihre gedankliche Arbeit zu unterstützen.

Malen Sie sich jeden Ihrer Vorschläge – um bei unserem Beispiel zu bleiben: also jeden Ihrer Berufswünsche – so plastisch wie möglich aus. Stellen Sie sich ganz genau den Tagesablauf in Ihrem neuen Beruf vor, jede einzelne Tätigkeit. Aber lassen Sie sich dabei nicht von Illusionen leiten, die Sie eventuell über Ihr Ziel haben. Versuchen Sie, auch alle negativen Seiten zu berücksichtigen, die sich selbst bei einem sogenannten »Traumjob« finden. Sammeln Sie Informationen, sprechen Sie mit Leuten, die diesen Beruf ausüben.

▷ Mancher Ihrer notierten Wünsche wird schon jetzt einem entschiedenen Bleistiftstrich zum Opfer fallen, Ihre Liste beträchtlich kürzer geworden sein. Was übriggeblieben ist, unterziehen Sie einem weiteren Ausleseverfahren. Seien Sie dabei ganz ehrlich sich selbst gegenüber. Prüfen Sie kritisch und objektiv, ob Ihre Fähigkeiten, Anlagen und Möglichkeiten für den angestrebten Beruf wirklich ausreichend sind. Auch jetzt werden Sie sicher wieder einiges – wenn vielleicht auch schweren Herzens – von Ihrer Liste streichen müssen.

Möglicherweise ist nun nur noch ein Beruf übriggeblieben. Dann sind Sie fein heraus! Aber es kann auch sein, daß mehrere Ziele das Ausleseverfahren überstanden haben, die Ihnen gleichermaßen erstrebenswert erscheinen. Im Management würde man in diesem Fall ein Bewertungssystem nach Punkten einsetzen und das Problem rechnerisch, mittels eines Computers, lösen. Aber der Mensch ist kein seelenloser Industriekonzern, und der Zugewinn an Glück läßt sich nicht mit einem finanziellen Zugewinn gleichsetzen. Die Problemlösung gestaltet sich ungleich schwieriger, weil emotionale Komponenten sich nur schwer und auch dann nur sehr ungenau nach Punkten bewerten lassen.

▷ Es bleibt Ihnen also nur die Möglichkeit, das Pro und Kontra jedes einzelnen Zieles sehr genau gegeneinander abzuwägen. Dieser letzte Schritt ist der schwierigste. Es läßt sich hier auch kein allgemeingültiger Rat erteilen, weil die individuellen Bedürfnisse jedes Menschen verschieden sind. Den wenigsten reicht ein hoher Verdienst aus; die meisten erwarten sich von einem Berufswechsel persönliche Befriedigung, die Möglichkeit zur Nutzung vorhandener Fähigkeiten und vor allen Dingen eine Steigerung des Selbstwertgefühls.

Auf dem einen oder anderen Wege werden Sie schließlich doch zu einer Entscheidung gelangen. Dann sollten Sie aber auch Ihre gesamte Kraft und Energie darauf konzentrieren, das nun fest umrissene Ziel zu erreichen. Die nächsten Kapitel werden Sie auf diesem Weg begleiten,

Sie auf Schwierigkeiten und Hindernisse aufmerksam machen und Ihnen zeigen, wie diese zu überwinden sind.

Natürlich kann auch die sorgfältigste Überlegung, die genaueste Planung nicht garantieren, daß Sie sich wirklich für das richtige Ziel entscheiden. Vielleicht haben Sie einige wesentliche Komponenten unberücksichtigt gelassen, vielleicht haben sich inzwischen aber auch Ihre Idealvorstellungen geändert. Was uns mit siebzehn als erstrebenswert erscheint, kann mit dreißig »kalter Kaffee« sein. Und das ist auch richtig so.

Der Mensch ist nicht irgendwann einmal »fertig«.
Leben ist immer auch Veränderung,
Wachsen,
Weiterentwicklung.

Deshalb dürfen Sie es auch nicht als Weltuntergang betrachten, wenn Sie eines Tages feststellen, daß das Ziel, das Sie unter Einsatz aller Ihrer Energie und Willenskraft verfolgt und schließlich erreicht haben, Ihnen gar nicht mehr erstrebenswert erscheint. Sie haben auf jeden Fall die wohltuende Erfahrung gemacht, daß Sie in der Lage sind, ein gesetztes Ziel zu erreichen. Was hindert Sie also, noch einmal von vorne zu beginnen? Und wenn es sein muß, nicht nur einmal, sondern ein zweites, ein drittes oder auch ein zehntes Mal?

Um Ihnen zu verdeutlichen, was mit der »grauen Theorie« dieses Kapitels gemeint ist, will ich Ihnen als Illustration meine eigene Geschichte erzählen, Ihnen sozusagen einen kleinen autobiographischen Abriß geben.

Bei mir traf jener Moment, in dem ich meinte, mein Leben neu zu überdenken und orientieren zu müssen, zu einem Zeitpunkt ein, als sich mir gerade eine recht beachtliche Karriere als Dokumentarin in der Raumfahrtindustrie eröffnete. Sicherlich hätte mancher mit beiden Händen und ohne langes Nachdenken zugegriffen – es boten sich immerhin eine wesentlich höhere Position in der betrieblichen Hierarchie, eine beträchtliche Erweiterung der Kompetenzen, eine beachtliche Gehaltserhöhung und nicht zuletzt die Befriedigung darüber, die eigene Leistung anerkannt und geschätzt zu sehen.

Und doch fühlte ich mich dabei so unbehaglich, daß ich mir Bedenkzeit erbat und das Angebot schließlich ausschlug, um etwas ganz anderes – nämlich Schweinezüchterin – zu werden.

Wie kam es dazu?

Zu meinem Beruf – Dokumentarin in der Raumfahrtindustrie – war ich – wie sicherlich viele andere Menschen auch – nicht aus Neigung, sondern durch Zufall und gewissermaßen als Notlösung gekommen, zumal ich ein überaus negatives Verhältnis zu allem habe, was mit Technik zusammenhängt. Eigentlich hatte ich Journalistin werden wollen. Da sich mir jedoch nach dem Schulabschluß nicht gleich eine Volontärstelle bot, begann ich – um die Zeit sinnvoll zu überbrücken – ein pädagogisches Studium. Familiäre Ereignisse machten es schließlich notwendig, mein Studium abzubrechen und umgehend Geld zu verdienen – so »landete« ich in einem Beruf, von dem ich vorher nicht einmal geahnt hatte, daß es ihn gibt.

Sieben Jahre Büroarbeit – so vielseitig, interessant und selbständig sie auch waren – hatten mir gezeigt, daß ich zwar Verantwortung tragen und selbständig handeln und entscheiden konnte. Aber sie hatten mir ebenfalls gezeigt, daß ich immer stärker – körperlich und geistig – das Gefühl des Eingesperrtseins empfand. Ich hatte weder genügend frische Luft und Bewegung, noch hatte ich die Möglichkeit, meine geistigen Fähigkeiten voll einzusetzen und zu nutzen. Und ein sehr viel besseres Verhältnis zur Technik hatte ich inzwischen auch nicht gewonnen.

Kein Wunder also, daß ich Zweifel hatte, ob eine Karriere in dieser Richtung mich wirklich befriedigen könnte. Also überlegte ich, welche anderen Möglichkeiten ich hatte. Sollte ich mir eine neue Volontärstelle suchen und meinem Jugendwunsch – Journalistin zu werden – folgen? Die Zeiten hatten sich inzwischen geändert, auf die wenigen offenen Stellen in diesem Bereich kam die mehrfache Zahl an Bewerbern, und die Zeitungen zogen solche mit Vollstudium entschieden vor. Außerdem war auch die finanzielle Seite zu bedenken. Ich war inzwischen an einen gewissen Lebensstandard gewöhnt, und das Anfangsgehalt in einer Zeitungsredaktion ist recht winzig. Und vor allen Dingen – so begeistert war ich von diesem Jugendwunsch nun auch nicht mehr. Ich hatte inzwischen zu schreiben begonnen und herausgefunden, daß die schriftstellerische Neigung die journalistische bei weitem überwog.

Als nächstes überlegte ich, ob ich mein Pädagogikstudium wieder aufnehmen sollte. Mit der Studienbeihilfe wäre ich finanziell zurechtgekommen, es hätte mir Freude gemacht, Neues zu lernen, und theoretisch fühlte ich mich auch durchaus zum Unterrichten berufen. Aber eben nur theoretisch. Denn in der Praxis fand ich Kinder, sobald sie in größeren Mengen, eben als Schulklassen, auftraten, ziemlich beängstigend. Sicherlich hätte sich dieses »Lampenfieber« irgendwann gegeben – aber das Lehrerdasein verlor auch aus manchen anderen Gründen (zum Beispiel der Schulpolitik) in meinen Augen sehr viel an Reiz.

Ich begann also, nach anderen Möglichkeiten zu suchen. Auch recht exotische Alternativen wurden in Betracht gezogen. Ich führte genau das durch, was als Brainstorming bezeichnet wird. Unter anderem geisterten folgende Ideen durch meinen Kopf: Entwicklungsdienst in Indien, Reiseleiterin in Tunesien, Grundstücksverkäuferin auf den Bahamas. Oder Bereiterin …

… oder Bereiterin! Als Pferdenärrin hatte ich schon früh reiten gelernt, und es erschien mir reizvoll, aus dieser Begeisterung einen Beruf zu machen. Aber warum in einem fremden Betrieb arbeiten? Mir schwebte der Gedanke vor, eine Pferdepension zu eröffnen – also ein Institut, wo »Stadtpferde« auf die Weide gehen, sich erholen oder etwas lernen könnten. Ja, und daneben könnte man Landwirtschaft betreiben und überhaupt ein wunderschönes Leben leben … Nebenbei bemerkt: Ich hatte keinen Pfennig Kapital und keinerlei Erfahrung – aber eine Idee, viel Begeisterung und jede Menge Phantasie. Und eine Familie, die mir den Rücken stärkte.

Fünf Jahre lang las ich alles, was ich über Landwirtschaft und Pferdehaltung finden konnte. Fünf Jahre lang plante und kalkulierte ich. Dann kauften wir unseren Bauernhof – wobei »kaufen« wesentlich leichter gesagt als getan ist – wir knabbern immer noch an der Hypothek. Die Pferde mußten wir uns allerdings aus dem Kopf schlagen, denn der entsprechende Umbau hätte zuviel Kapital erfordert. Aber wir fanden einen wunderbaren

Schweinestall vor. Also hieß es, flexibel zu sein, Wünsche zu modifizieren, sie mit den Gegebenheiten in Einklang zu bringen. Und so ergab sich letztlich etwas ganz Neues und ganz anderes – durchaus nicht das, was ich mir vorgestellt hatte, aber etwas, das genauso gut und vielleicht sogar noch besser ist.

Hier schließt sich vorläufig der Kreis. Ich habe alles gefunden, was ich suchte: freie Luft und Bewegung, die Möglichkeit, meine geistigen Fähigkeiten einzusetzen, um ein mir völlig fremdes Metier zu »erobern«, die Nähe zur Natur mit allen ihren Vorteilen, ein zwar arbeitsreiches, aber im Vergleich zu früher sehr viel ungebundeneres Leben und ... und ... und ... Aber ich weiß schon heute, daß es mich nicht für den Rest meines Lebens ausfüllen wird. Ich bin ziemlich sicher, daß ich mir neue Ziele setzen werde.

Sicherlich werden viele Leser vor schwerwiegenden Hindernissen stehen, von denen mir einige erspart blieben, wenn sie ihr Ziel erreichen, ihre Wünsche verwirklichen wollen. Viele werden auch nicht so hohe Ansprüche stellen wollen oder können, und vor allen Dingen werden sie sicherlich ganz andere Vorstellungen davon haben, wie ihr Leben und ihr Beruf aussehen sollen. Aber allen sollte dieser kleine »Bericht aus der Praxis« zeigen:

**Man muß hoch hinaus wünschen,
um etwas zu erreichen.**

Und oft kommt – wie in meinem Fall – am Ende etwas ganz anderes dabei heraus, als man sich vorher gedacht hat. Vielleicht macht das sogar den Reiz aus.

14 Morgen ist auch noch ein Tag – wirklich?

Sicher ist es richtig, Entschlüsse erst dann in die Tat umzusetzen, wenn man sie noch einmal in aller Ruhe überdacht hat. Aber dann sollte man mit der Ausführung auch nicht länger warten. Es gibt ein hübsches Zitat des großen Aphoristen Lichtenberg, das die Folgen eines allzu langen Zauderns recht plastisch illustriert:

»Es gibt Leute, die zu keinem Entschluß kommen können, sie müssen sich denn vorher erst über die Sache beschlafen haben. Das ist ganz gut, nur kann es Fälle geben, wo man riskiert, mitsamt der Bettlade gefangen zu werden.«

Ein einmal gefaßter Entschluß sollte also baldmöglichst ausgeführt werden, soll nicht der Schwung, die Begeisterung der Idee verlorengehen.

Es ist auf jeden Fall besser, daß manches mißlingt, als daß alles unterbleibt.

Die Begeisterung für eine Sache ist eine Kraft, die man unbedingt ausnützen sollte, ehe sie abkühlt. Es heißt nicht umsonst, daß der Weg zur Hölle mit guten Vorsätzen gepflastert sei – mit guten Vorsätzen, die niemals ausgeführt wurden. Der Vorsatz allein bringt uns nicht weiter, wenn ihm die Ausführung nicht folgt.

An dieser Stelle möchte ich Sie mit einer recht amüsanten Ausnahme von der Regel bekannt machen. Diese Ausnahme heißt Sandra, und das von ihr entwickelte »Sandra-Prinzip« will ich Ihnen im folgenden kurz schildern.

Meiner Freundin Sandra ist es nämlich gelungen, ein System zu finden, das auf dem Aufschub unangenehmer Dinge beruht. Sie schiebt diese Angelegenheiten – zum Beispiel Zahnarztbesuch, Strümpfestopfen, Briefeschreiben – so lange vor sich her, bis sie sich entweder selbst erledigt haben, oder bis etwas auftaucht, das noch unangenehmer ist als die genannten Dinge. So drückt sie sich vor dem Briefeschreiben meistens so lange, bis ihre Freunde und Bekannten höchstpersönlich ihr auf die Bude rücken – womit sich diese Angelegenheit von selbst erledigt hat. Oder sie schiebt den Zahnarztbesuch so lange hinaus, bis sich ihre Großtante (die sie nicht ausstehen kann) wieder einmal zum Tee einlädt. Gegen einen Nachmittag mit dieser Tante ist eine Sitzung beim Zahnarzt geradezu eine Erholung – sagt Sandra. So werden auf diese Art und Weise alle wirklich wichtigen Dinge doch noch und sogar mit einigem Vergnügen erledigt.

Aber wie gesagt: Das »Sandra-Prinzip« stellt eine Ausnahme dar und eignet sich nur für Lebenskünstler, denen ein Loch im Strumpf keinen Beinbruch und eine chaotische Behausung keinen Weltuntergang bedeutet. Natürlich ist die Anwendung dieses »Prinzips« zur Erreichung eines bestimmten Ziels nicht immer der geeignete Weg. Von Marie von Ebner-Eschenbach stammt das folgende lebenskluge Wort, das allen ins Stammbuch geschrieben sei, die immer wieder jedes Vorhaben hinausschieben: »Das edle: Ich will! hat keinen schlimmeren Feind als das feige, selbstbetrügerische: Ja, wenn ich wollte!«

Der Mensch liegt, wenn er versucht, ein Vorhaben in die Tat umzusetzen, in ständigem Kampf mit seiner eigenen Trägheit. Damit steht er sich selbst und seinem Glück sehr oft im Wege. Diese Trägheit gilt es mit allen Mitteln zu bekämpfen (siehe Abb.3).

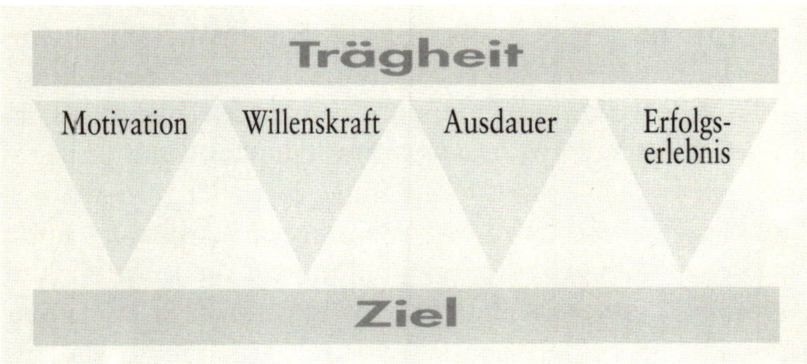

Abb. 3

▷ Ein guter Weg, dies zu erreichen, aber auch nachlassende – physische und geistige – Kräfte neu zu aktivieren, ist die Motivation. Malen Sie sich Ihr Ziel immer wieder aus, stellen Sie sich so plastisch wie möglich vor, wie es sein wird, wenn Sie dieses Ziel erreicht haben. Das gibt neuen Auftrieb!

▷ Willenskraft und Ausdauer lassen sich sogar trainieren. Unterteilen Sie den Weg zu Ihrem Ziel, damit Sie die lange Strecke bis dorthin nicht allzu schreckt und ermüdet und Sie womöglich von Ihrem Vorhaben abbringt, in viele kleine Teilziele. Gehen Sie etappenweise voran, dann haben Sie bei jedem kleinen Schritt, den Sie weitergekommen sind, ein Erfolgserlebnis.

Nichts beflügelt mehr als Erfolg!

▷ Aber lassen Sie sich auch durch Rückschläge nicht entmutigen. Ein Ziel kann man auch auf Umwegen erreichen. Und ein Schritt zurück kann auch bedeuten, daß man dadurch einen besseren Anlauf nehmen kann zu einem Sprung.

Auch negative Erfahrungen sind fruchtbar: Sie zeigen, wie man es nicht machen soll.

Geben Sie nicht auf, bevor Sie wirklich geschlagen sind. Meistens findet sich doch noch ein Weg, dem Ziel wieder ein Stück näher zu kommen.

Auf jeden Fall aber sollten Sie voll und ganz bei der Sache sein. Wer mit halbem Herzen an ein Vorhaben herangeht und dann, wenn es mißlingt, jammert: »Seht ihr, ich habe es ja gleich gewußt! Mir geht alles schief, mir ist eben nicht zu helfen!« – dem ist wirklich nicht zu helfen, und er verdient es auch nicht besser. Solche Menschen machen es sich allzu bequem, indem sie sich auf diese »Versager-Position« zurückziehen und die Schuld an allem, was ihnen mißlingt, einem unabänderlichen Schicksal zuschieben.

15 Erfüllte Wünsche wecken neue Wünsche

Nun ist es also soweit: Sie haben ihr Haus gebaut oder eine neue Arbeitsstelle, einen neuen Beruf gefunden. Ihr Ziel ist erreicht. Sie haben Ihre Wünsche und damit ein Stück von sich selbst verwirklicht. Sind Sie jetzt glücklich?

Sicherlich sind Sie zunächst einmal zutiefst befriedigt. Und mit Recht! Sie haben etwas geleistet. Sie haben sich und Ihrer Umwelt bewiesen, wozu Sie in der Lage sind. Vielleicht sind Sie wirklich glücklich – für ein paar Tage, für ein paar Monate oder sogar für ein paar Jahre.

Früher oder später werden Sie jedoch erstaunt und vielleicht sogar ein wenig verwirrt feststellen, daß die ganz große Freude, die Sie sich in Verbindung mit Ihrem erreichten Ziel immer vorgestellt hatten, nicht ewig anhält, mitunter sogar ganz ausbleibt. Was ist geschehen? An die Stelle eines Ziels ist nun – Leere getreten. Auf einmal erkennen Sie, daß der Weg zu diesem Ziel Ihnen im Grund wichtiger – und schöner – vorkam als das Ziel selbst.

Das, was man sich wünscht,
ist nie dasselbe wie das, was man bekommt –
mag beides auch noch so ähnlich aussehen.

Immer wird das schließlich Erreichte vom Angestrebten in irgendeiner Form abweichen. »Wir sind nie entfernter von unseren Wünschen, als wenn wir uns einbilden, das Gewünschte zu besitzen«, sagte Goethe. Noch präziser formuliert es Elias Canetti: »Es gibt keinen starken

Wunsch, für den man nicht zahlen muß. *Doch sein höchster Preis ist, daß er in Erfüllung geht.*«

Vielleicht fragen Sie an dieser Stelle: Wozu dann aber unser ganzes Wünschen, Streben und Hoffen? Wozu der Einsatz von Zeit, Energie, Willenskraft?

Die Philosophie des Fernen Ostens sieht als erstrebenswertes Ziel des Menschen an, kein Ziel mehr erreichen zu wollen. Nichts zu hoffen, nichts zu wünschen – das ist im Buddhismus der letzte, der vollkommenste Zustand. Auch viele Europäer, vor allen Dingen junge Leute, die dem Streß unserer überzivilisierten Konsumgenossenschaft entfliehen möchten, zeigen starkes Interesse an dieser Weltanschauung. Zen-Buddhismus, Yoga, transzendentale Meditation sind – solange sie nicht von Scharlatanen propagiert werden – sicherlich gangbare Wege, die so manchem neue, befriedigendere Zukunftsperspektiven eröffnen können.

Aber im großen und ganzen unterscheidet sich die abendländische Mentalität von der orientalischen doch so sehr, daß die meisten von uns keine tiefere Beziehung zur fernöstlichen Philosophie entwickeln können. Jeder Europäer ist immer auch ein kleiner Famulus Wagner im »Faust«, der »zwar manches weiß, doch alles wissen möchte«, der die Welt und das Leben durch Taten zu meistern versucht. Die Vor- und Nachteile dieser Lebenseinstellung mögen dahingestellt bleiben – Tatsache ist, daß es so ist. Solange wir Wünsche haben, werden wir auch Ziele haben. Und solange wir Ziele haben, werden wir auch nach deren Verwirklichung trachten.

Die Leere, die ein erreichtes Ziel in uns hinterläßt, kann nur durch ein neues Ziel wieder ausgefüllt werden!

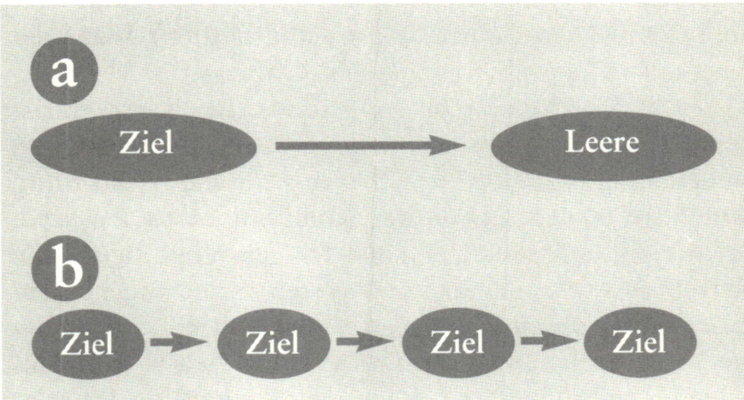

Abb. 4

Ist es nicht wirklich so, daß ein erfüllter Wunsch gleich wieder neue Wünsche weckt? »Wir suchen überall das Unbedingte – und finden immer nur Dinge«, beschreibt der Romantiker Novalis dieses Verhalten des Menschen. Vielleicht liegt hier der Grund, warum der Mensch ständig unterwegs, immer auf der Suche ist.

16 Auch Menschen können Flügel haben

**Wer mit den Füßen fest auf der Erde steht,
kann nicht mit dem Scheitel den Himmel berühren,**

sagt der Schriftsteller Hans Kudszus. Aber wer möchte nicht mitunter alle Erdenschwere abstreifen, dem täglichen Einerlei entfliehen und in irgendeinem ganz persönlichen »Siebten Himmel« schweben? Auch der nüchternste Mensch bleibt von solchen Anwandlungen nicht verschont. Jeder Mensch hat wohl in seiner Phantasie eine kleine, private Insel, auf die er sich verschämt und heimlich zurückzieht, oft nur für einen kurzen Moment.

Damit haben wir auch schon das Zauberwort genannt, das dem Menschen Flügel verleihen kann: die Phantasie. Mit ihr können wir uns ganz neue Welten schaffen; Welten, die in Ordnung sind, wo es nur Harmonie und Freude gibt.

Sind uns die kurzen, bunten Lumpen zu mißgönnen,
die ein jugendlicher Mut,
eine aufgefrischte Phantasie
um unsere lebensarme Blöße hängen mag?
Wenn ihr das Leben gar zu ernsthaft nehmt,
was ist dann dran?
Wenn uns der Morgen nicht zu neuen Freuden weckt,
am Abend uns keine Lust zu hoffen übrig bleibt,
ist's wohl das An- und Ausziehen wert?

Goethe

Die Phantasie ist wohl die schöpferischste Eigenschaft, die dem Menschen gegeben ist. Ohne sie würde es weder Erfinder und Entdecker noch Künstler geben. Aber auch, wo sich die Phantasie eines Menschen nicht in einem sichtbaren, greifbaren Ergebnis niederschlägt, ist sie kreativ. Mit ihrer Hilfe ist der Mensch imstande, sich einen Freiraum ganz nach seinen eigenen Vorstellungen und Wünschen zu schaffen, in dem er Atem schöpfen kann für das, was sein praktisches Leben ausmacht.

**Die Ideale, denen wir uns nur annähern können,
ohne sie je zu erreichen,
werden in der Phantasie zur Wirklichkeit.**

Vielleicht sagen Sie nun: Nach einem solchen Ausflug ins Reich der Phantasie ist die Rückkehr auf den harten Boden der Tatsachen nur um so deprimierender – wozu also soll das Ganze gut sein? Nun, die Phantasie wirkt wie Wein: Wer ihn mäßig trinkt, fühlt sich beflügelt; wer zuviel davon genießt, erwacht am nächsten Morgen mit einem Katzenjammer. Phantasie soll ja auch keine Weltflucht sein, sondern unserem Leben – aus uns selbst heraus – jene kleinen Glanzlichter aufsetzen, die es lebenswert machen.

Bei Kindern ist diese Begabung noch ganz ausgeprägt; der »vernünftige« Erwachsene schämt sich solcher Kindlichkeit und verlernt schließlich, mit ihr umzugehen. Ein Kind sieht die Dinge nicht so, wie sie sich ihm *darstellen,* sondern als das, was es selbst in sie *hineinlegt.*

Damit wären wir wieder beim roten Faden dieses Buches: nämlich, daß das Leben eines Menschen immer das ist, was er selbst daraus macht. Die Phantasie ist nicht das schlechteste Hilfsmittel dabei.

Im vorangegangenen Kapitel war die Rede von erfüllten Wünschen und dem Gefühl der Leere, das sie in uns hinterlassen. Hier nun sollen einige Worte gesagt werden über jene Wünsche, die sich nie erfüllen und die man dennoch – obwohl man sich dessen bewußt ist – hegt und pflegt:

Ist es nicht so, daß, wenn jeder Traum wahr würde, den wir insgeheim träumen, das Leben eine ganze Menge von seinem Reiz einbüßen würde?

»Am Regenbogen soll man nicht Wäsche aufhängen wollen«, sagt Friedrich Hebbel. Der Regenbogen – das sind unsere Träume: schön, harmonisch und deshalb sinnvoll. Nur in seinen Träumen ist der Mensch ganz er selbst, ist er wirklich zu Hause.

Träume und Sehnsüchte sind eine absolut unverletzliche Intimsphäre, die sich schützend zwischen den durch so unendlich viele Dinge verwundbaren Menschen und die Außenwelt stellt.

Diese Intimsphäre hat also eine Art Pufferfunktion, die selbst die schlimmsten Stöße, die uns das Leben versetzen mag, auffangen und abmildern kann. Man sollte sich seiner nie ausgesprochenen Träume und Sehnsüchte nicht schämen. Denn ein Mensch, der träumen und wünschen kann, gibt auch unter schwersten Umständen nicht die Hoffnung auf. Und was wäre der Mensch ohne Hoffnung? »Das Beste zu hoffen«, sagte vor langer Zeit der englische Schriftsteller Edward Young, »ist fromm und tapfer und weise.«

17 Die Welt ist nicht grau

Wir fliegen in die Luft wie Vögel, wir schwimmen im Wasser wie Fische, wir graben uns sogar unterirdische Gänge wie Maulwürfe. Wäre es nicht wunderbar, wenn wir auf der Erde gehen könnten wie Menschen?«

Dieser ironische Satz stammt von John Steinbeck, der – wie alle guten Schriftsteller – ein genauer Beobachter der menschlichen Natur ist.

Die Menschen scheinen zu glauben, daß ihr Glück sich immer dort befindet, wo sie gerade nicht sind. Was sonst triebe sie denn dazu, weite Reisen zu Land, in der Luft oder auf dem Wasser zu unternehmen? Die moderne Touristikindustrie lebt letzten Endes davon, daß sie das »Glück« immer gerade dort anzusiedeln weiß, wo man gerade nicht ist – am besten so weit weg wie möglich. Damit soll weder etwas gegen den Urlaub noch gegen das Reisen gesagt sein. Aber der Mensch trägt nun einmal sein Glück oder sein Unglück mit sich herum wie ein Schneckenhaus.

Wer das Glück in seinem engsten Gesichtskreis nicht zu sehen versteht, der kann bis ans Ende der Welt reisen, ohne es je zu finden.

Vielleicht sagen Sie nun: »Aber mein Leben ist doch so langweilig und die Welt um mich her so trist und grau!« Dann sollten Sie schleunigst damit beginnen, wieder sehen, hören, riechen, schmecken und tasten zu lernen. Denn alles dieses haben Sie verlernt, sonst würden Sie eine solche Behauptung erst gar nicht aufstellen können.

Üben Sie Ihre Sinne, damit die unzähligen kleinen Glücksmomente, die das Leben jeden Tag bietet, nicht unbeachtet, unerlebt an Ihnen vorübergehen!

▷ Lernen Sie wieder sehen, welche wunderbaren Schattenmalereien entstehen, wenn das Sonnenlicht durch das Geäst eines Baumes fällt, oder wie verzaubert und fremdartig Ihre Stadt im Schnee oder im Nebel wirkt.

▷ Lernen Sie wieder, wie sich ein Kinderlachen anhört oder das Singen eines Vogels mitten im Großstadtlärm.

▷ Lernen Sie wieder alle die wunderbaren Gerüche eines Wochenmarktes, einer Frühlingswiese oder eines Rummelplatzes kennen.

▷ Schmecken Sie wieder den Rauch eines Kartoffelfeuers auf Ihrer Zunge oder den Geschmack von Sahnebonbons oder Räucherfisch.

▷ Lernen Sie wieder, wie sich das seidige Fell eines Pferdes anfühlt oder die Rinde eines alten Baumes.

▷ Spüren Sie wieder Wind, Sonne und Regen auf Ihrem Gesicht, auf Ihren Händen, auf Ihrem Körper.

▷ Setzen Sie alle Ihre Sinne ein, um die Welt und sich selbst zu erleben.

Mit einem Wort:

Leben Sie intensiv.

Können Sie nun noch immer sagen, daß Ihr Leben langweilig, daß die Welt grau ist?

Stellen Sie sich nur einmal vor, daß Ihnen einer Ihrer Sinne fehlte, daß Sie beispielsweise blind oder taub wären. Ihnen wird bei diesem Gedanken sehr schnell aufgehen, welche beglückenden Möglichkeiten Ihnen Ihre Sinne bieten.

Stellen Sie sich ab und zu auch einmal vor, daß dieser heutige Tag Ihr letzter wäre. Würden Sie dann nicht auch alle Ihre Sinne einsetzen, um das Leben noch einmal mit allen Fasern Ihres Seins zu erspüren?

Schläft ein Lied in allen Dingen,
die da träumen fort und fort.
Und die Welt hebt an zu klingen,
triffst du nur das Zauberwort.

Dieses kleine Gedicht stammt von Joseph von Eichendorff, der in seinem bezaubernden »Taugenichts« das Bild eines echten Lebenskünstlers schuf. Ich möchte Ihnen das Zauberwort verraten, das Ihnen die Welt neu erschließt, das sie zum Singen bringt: Es ist das *Staunen.*

Haben Sie schon einmal beobachtet, wie Kinder sich in die Beobachtung einer Ameisenstraße, eines Käfers, eines Uhrgehäuses versenken können und wie sie das Beobachtete bestaunen?

Lernen Sie von den Kindern,
denn solange man staunen kann, ist man jung.

Das Abenteuer des Lebens wartet vor Ihrer Tür. Es ist da und braucht von Ihnen nur entdeckt, erlebt zu werden.

Gehen Sie ihm ein Stück entgegen! Öffnen Sie Ihre Sinne, weichen Sie ein klein wenig von den ausgetretenen Pfaden ab, und machen Sie sich ab und zu einmal frei von Streß und Hetze!

Vor allen Dingen aber: Werden Sie nicht zum trockenen Verstandesmenschen, der Nüchternheit und Vernunft als das einzig Wahre in seinem Leben betrachtet.

Was den Menschen ausmacht, ist nicht nur seine Vernunft – es sind auch seine Sinne, die unendlich viel feiner und genauer reagieren und registrieren, als es selbst der schärfste Verstand vermag. So verstanden gibt es kein Glück ohne Sinnlichkeit.

18 Langeweile – eine Zivilisationskrankheit

Wenn die Affen es dahin bringen könnten, Langeweile zu haben, so könnten sie Menschen werden.« Dieser Satz stammt – wie so viele Zitate in diesem Buch – von dem großen Lebenskünstler Johann Wolfgang von Goethe. Aus diesem Satz könnte man schließen, daß Langeweile ein spezifisch menschliches Problem sei. Dem ist aber nicht so, denn Haus- und Nutztiere können sich ebenfalls langweilen, in den großen Massentierhaltungen vor allem, wo auf die Psyche eines Tieres überhaupt keine Rücksicht genommen wird. Wohlgemerkt: Haus- und Nutztiere, nicht etwa die in Freiheit in der ihnen gemäßen und artgerechten Umgebung lebenden Tiere! Langeweile ist ein ausgesprochener Zivilisationsschaden, der sich immer weiter ausbreitet.

Der werktätige Mensch verlangt nach immer mehr tariflich zugesicherter Freizeit. Aber wenn er sie dann bekommt, weiß er oft recht wenig mit ihr anzufangen. Aus seiner – nicht immer mit großer Begeisterung verrichteten – Arbeit, bei der er ständig nach der Uhr geschielt hat, wird der Mensch in einen »Feierabend« entlassen, an dessen Gestaltung er selbst kaum noch aktiv beteiligt ist. Denn der Feierabend gehört nachweislich beim überwiegenden Teil der bundesdeutschen Bevölkerung dem Fernsehen. Fernsehen könnte ein Mittel sein, den eigenen Gesichtskreis zu erweitern, und von vielen Menschen wird es sicherlich auch so betrachtet. In der Überzahl sind jedoch die »Konsumenten«, für die Fernsehen sozusagen zum täglichen Brot gehört. Aus der Gewohnheit ist bei ihnen eine Abhängigkeit geworden, durch die sie dem Medium Fernsehen förmlich ausgeliefert sind.

Es ist aber durchaus nicht so, daß alle diese Menschen begeisterte Fernsehzuschauer wären. Im Gegenteil, die meisten von ihnen finden einen großen Teil des ihnen Dargebotenen überaus langweilig. Warum aber schalten diese Menschen ihr Fernsehgerät nicht einfach ab? Das hat in der Hauptsache zwei Gründe:

▷ Sie glauben, daß sie sich ohne diese Berieselung nicht entspannen können.

▷ Sie wissen nicht, was sie sonst mit sich anfangen sollen.

Zum ersten Grund ist folgendes zu sagen:

Fernsehen ist zwar als ein Mittel der Entspannung durchaus legitim – aber es ist längst nicht das einzig mögliche! Zudem stumpft das Fernsehen durch die Gewöhnung ab und artet am Ende tatsächlich in eine regelrechte Sucht aus.

Der zweite angeführte Grund entwickelt sich zwangsläufig aus dem eben Gesagten: Man weiß nichts mit sich anzufangen, weil man der eigenen Initiative entwöhnt ist. Es ist ja auch so bequem, sich in den Sessel zu setzen und sich berieseln zu lassen – verführerisch bequem. Aber dieses Berieselnlassen ist weiter nichts als Zeit-Totschlagen.

Zum Totschlagen ist jede Zeit –
vor allem die Freizeit –
aber viel zu schade!

Wer das vorhergegangene Kapitel aufmerksam gelesen und die darin enthaltenen Anregungen ausprobiert hat, wird sich über Langeweile sicher nicht mehr zu beklagen haben. Das Gegenteil von Langeweile ist ja nicht unbedingt Tätigsein. Beobachten Sie einmal eine Katze, die sich im Sonnenschein räkelt. Oder setzen Sie sich für ein Stündchen vor das Aquarium Ihres Sohnes. Oder lassen Sie Ihren Blick über den abendlichen Sternenhimmel wandern. Bei allen diesen Dingen führen Sie keine eigentliche Tätigkeit aus, aber Ihre Sinne sind ungeheuer aktiv – sehr viel aktiver als beim Fernsehen. Und gerade durch eine solche sinnliche Aktivität entspannt der Mensch sich am meisten – ohne sich zu langweilen. Im folgenden Kapitel wird näher auf die Voraussetzungen für diese sinnliche Aktivität eingegangen werden. An dieser Stelle aber sei noch gesagt, daß niemand zur Langeweile verurteilt ist.

Langeweile kennen nur die Menschen,
die nicht zu leben verstehen.

Diese hohe Kunst wieder zu erlernen ist die schönste und beglückendste Aufgabe, die ein Mensch sich stellen kann. Zu dieser Lösung will dieses Buch ein wenig beitragen.

19 Leben heißt Türen öffnen

Haben Sie schon einmal einen jungen Hund beobachtet, dem man beim Spaziergang die Leine abnimmt? Er rennt und stöbert mit ungeheurer Begeisterung durch die Gegend und wittert hinter jedem Busch, hinter jeder Wegbiegung ein neues Abenteuer. Von diesem »unvernünftigen« Geschöpf kann der vernunftbegabte Mensch eine ganze Menge lernen. Der junge Hund sprüht vor Lebensfreude, er ist begeistert von dem, was er erlebt, er entdeckt ständig etwas Neues.

Aber wie viele Menschen gibt es, die ihr Leben entsetzlich öde und langweilig finden! In ihrem Leben gebe es weder etwas Neues noch etwas Interessantes, meinen sie achselzuckend und wandern trübsinnig im alten Trott weiter. Wer mit dieser Einstellung durchs Leben geht, wird freilich auch nichts Neues und Interessantes finden können, weil er sich damit selbst Scheuklappen anlegt.

Solche Menschen rennen durchs Leben wie durch einen langen Gang, der auf beiden Seiten unzählige geschlossene Türen hat – nur machen sie sich nicht die Mühe, diese Türen zu öffnen. Ihnen fehlt eine Eigenschaft, die für das Leben ungeheuer wichtig ist: die Neugier. Nicht die kleinliche, klatschsüchtige Neuigkeitenschnüffelei ist hier gemeint, sondern die große Neugier auf all die Dinge, die unser Leben ausmachen. Wie jener junge Hund, der aufgeregt das Gebüsch durchstöbert, sollte auch der Mensch sich dem Abenteuer des Lebens nicht verschließen, indem er sagt, dieses Abenteuer gebe es nicht – wenigstens nicht in seinem Leben.

Aber wer nicht sucht, findet auch meistens nichts.

Dabei gibt es so vieles, das man suchen, auf das man neugierig sein kann! Da sind die Menschen, die es zu entdecken gilt und die meistens gar nicht so sind, wie sie sich geben oder scheinen möchten – nicht nur fremde Menschen, sondern auch und gerade die uns nahestehenden Menschen, die wir beileibe nicht so gut kennen, wie wir so gerne glauben möchten. Da sind Erfahrungen, die nur darauf warten, daß sie gemacht werden, und auf die man mit Recht neugierig sein kann. Auch auf die schmerzhaften Erfahrungen, denn der Schmerz zeigt uns – wie die Freude – am stärksten und am deutlichsten, daß wir lebendig sind und nicht nur vor uns hinvegetieren. Es ist letztlich das Leben selbst, das man jeden Morgen mit Neugier erwartet.

Das Leben ist ein Experiment,
das täglich neue Ergebnisse bringt.

Ist nicht ein neuer Tag immer auch ein neuer Anfang, ein Neugeborenwerden? Sehr hübsch drückt Christian Morgenstern dieses Gefühl aus: »Das ist ein äußerst merkwürdiges Gefühl, wenn man sich frühmorgens Gesicht und Kopf abreibt und sich dabei vorstellt: nun hast du deine Gedanken mitgewaschen und abgetrocknet.«

An jedem neuen Tag gibt es neue Türen zu öffnen, und der größte Reichtum, den man im Leben anhäufen kann, ist wohl, so viele Erfahrungen wie möglich über dieses Leben zu sammeln. Mag auch hinter manchen Türen Unschönes, ja Schreckliches verborgen sein – das soll uns nicht abhalten, weiterhin neugierig zu sein. Denn hinter den meisten ungeöffneten Türen finden wir doch Schönes und Beglückendes.

Kommen wir noch einmal auf unseren jungen Hund zurück, den schon die Möglichkeiten erregen, die sich ihm bieten. Er kennt die menschlichen Probleme, von denen hier die Rede ist, nicht – er ist vom Leben begeistert, gibt sich ihm ganz hin. Dieser Enthusiasmus geht uns Menschen nur allzuoft ab, der tägliche Kleinkram bedrückt und unterdrückt uns so sehr, daß wir keinen Blick mehr für anderes haben. Mit einem Wort: wir sind kaum noch in der Lage, uns einem schönen Augenblick (und deren gibt es so viele!) ganz und gar hinzugeben. Wir nehmen zwar den kleinsten Ärger zum Anlaß, uns emotional zu verausgaben – bei den kleinen Freuden gelingt uns das kaum. Dieses Verhältnis umzukehren wäre wahre Lebenskunst – und auch gar nicht so sonderlich schwer. Denn Ärger und Freude werden dem Menschen in ziemlich gleichen Portionen zugeteilt. Man muß sich nur entscheiden, welche man höher bewerten und wichtiger nehmen will. Die meisten Menschen entscheiden sich – leider – für den Ärger.

**Dabei liegt es bei Ihnen selbst,
sich für die Freude am Dasein zu entscheiden.**

Wer neugierig ist und hinter die Dinge blickt, wird es nicht schwer haben, diese Freuden, die wie Rosinen im Lebenskuchen sind, zu entdecken.

20 Das Gewohnheitstier

Es ist eine zu seinem Überleben notwendige Eigenschaft des Menschen, daß er sich an so ziemlich alles gewöhnen kann. Wenn ein Zustand nur lange genug andauert, wird er als normal betrachtet. Man richtet sich ein, arrangiert sich, geht sozusagen den Weg des geringsten Widerstandes.

So wertvoll diese Eigenschaft auch sein mag, so verführt sie doch leicht zur Trägheit. Das Gewohnheitstier Mensch wird schließlich zu bequem, die ausgefahrenen – und deshalb leicht gangbaren – Geleise seines angestammten Alltagstrotts zu verlassen. Daß hinter den Bergen auch noch Menschen wohnen, daß es dort Neues, Erregendes zu entdecken und zu erleben gibt, gerät zwar nicht gänzlich in Vergessenheit – insgeheim sehnt sich ja jeder nach diesen Erlebnissen –, aber man nimmt ungern das Risiko auf sich, sich deswegen Unbequemlichkeiten oder gar Gefahren auszusetzen.

Aber gerade durch das phlegmatische, ängstliche, auf sichere Bequemlichkeit bedachte Beharren in festgefahrenen Gewohnheiten versäumt man so unendlich vieles, was das Leben reicher und schöner und damit auch interessanter machen könnte.

Bereuen wir nicht gerade die Dinge am meisten, die wir *nicht* getan haben?

Die Schriftstellerin Elisabeth Castonier beschließt ihre bewegten »Memoiren einer Außenseiterin« mit den Worten: »Ich bereue nichts – außer vielleicht, diese oder jene Torheit nicht begangen zu haben, denn Torheiten und Irrtümer sind die Würze des Lebens.« Wer wünschte seinem Leben diese Würze nicht? Dabei ist es gar nicht so schwer, das Leben farbiger und aufregender zu gestalten – wenn man sich einmal entschließt, den gewohnten Ablauf des Alltags zu durchbrechen.

Geben Sie ruhig einmal spontanen »verrückten« Einfällen nach, und nehmen Sie das Risiko auf sich, auf diese Weise vielleicht auch einen »Reinfall« zu erleben. »Alberne Leute sagen Dummheiten, gescheite Leute machen sie«, meint Marie von Ebner-Eschenbach. Und Ludwig Börne bemerkt: »Der Leichtsinn ist ein Schwimmgürtel für den Strom des Lebens.« Die sogenannten vernünftigen Menschen machen weder Dummheiten noch sind sie jemals leichtsinnig. Nun ist der Mensch zwar ein vernunftbegabtes Wesen, aber wer nur immer seiner Vernunft folgt, verpaßt oft das Beste, was das Leben zu bieten hat. Liebe, Zuneigung, Abenteuer oder einfach Spaß erlebt man nicht, indem man den vernünftigen Entschluß dazu faßt.

Der Mensch ist zwar mit der Fähigkeit
zu rationalem Denken begabt,
aber er ist nicht dazu verpflichtet,
diese Fähigkeit dauernd unter Beweis zu stellen.

Man kann diese Fähigkeit als eine Art Korsett betrachten. Sie ist nützlich, weil sie uns stützt und formt, uns im übertragenen Sinne eine gute Figur verleiht. Aber richtig Luft holen kann man nur, wenn man dieses Korsett wenigstens ab und zu einmal ablegt.

Die Moralisten aller Zeiten sind sich darin einig, daß das Höchste und Erstrebenswerteste, was ein Mensch erreichen kann, die Erfüllung seiner Pflicht sei. Aber seien wir ehrlich: So richtig diese Forderung auch ist, und sosehr wir auch davon überzeugt sind – es ist mitunter recht mühsam und anstrengend, immer nur nach dem Höchsten zu streben. Das Leben nimmt uns in eine harte Schule. So sind die köstlichsten Stunden wohl immer die, in denen wir diese Schule schwänzen, aus dem Schulbetrieb ausbrechen und für kurze Zeit von dem uns durch Konventionen, Verpflichtungen und nicht zuletzt auch durch eigene Zielsetzungen vorgezeichneten Weg abweichen. Nach einem solchen Ausflug in die Welt der abenteuerlichen Unvernunft fällt es dann wieder leichter, das zu tun, was man für seine Pflicht ansieht. Vor allen Dingen aber läuft man auf diese Weise nicht Gefahr, in seinen Gewohnheiten zu versteinern. Und noch wichtiger: Man wird keine aus Bequemlichkeit verpaßten Gelegenheiten zu bereuen haben.

21 Jeder Mensch ist kreativ

Haben Sie nicht auch schon manchmal eine Handarbeit, ein selbstgemaltes Bild oder ein in Eigenarbeit hergestelltes Möbelstück bei Freunden oder Bekannten bewundert und dabei gedacht: »So etwas möchte ich auch einmal machen.« Aber dann haben Sie es doch immer beim »Möchte« belassen, vielleicht weil Sie keine Zeit haben oder weil Sie glauben, daß Ihre Fähigkeiten nicht ausreichen. Dadurch lassen Sie sich jedoch etwas entgehen, das Ihnen nicht nur Entspannung und Anregung, sondern vor allen Dingen ein erhöhtes Selbstwertgefühl zu vermitteln imstande ist! Denn jeder Mensch fühlt sich vor seiner eigenen Schöpfung – mag sie auch etwas windschief und bei weitem nicht vollkommen sein – wie ein kleiner Herrgott. Dieses beglückende Gefühl entschädigt einen für manche Widrigkeit des Alltags und schenkt immer wieder neues Selbstvertrauen.

Tagsüber mögen Sie mit einer noch so langweiligen, längst zur Routine gewordenen Tätigkeit beschäftigt sein – in Ihrer Freizeit liegt es ganz bei Ihnen, sich einen Ausgleich dafür zu schaffen. Wenn Sie sich dazu entschließen, Ihre eigenen Fähigkeiten, die Sie sonst von allen verkannt sehen, zu erproben, so haben Sie immer etwas, auf das Sie sich freuen können. Vor allen Dingen dürfen Sie hier aus eigenem Antrieb, ganz nach Ihren eigenen Vorstellungen und ohne jede Einrede von anderen tun, was Ihnen Freude macht. Es ist eigentlich ganz und gar unverständlich, warum nicht jeder Mensch sich in seinen freien Stunden einer solchen Beschäftigung zuwendet und sich und sein Leben durch schöpferisches Tun bereichert.

Sie haben keine Zeit? Dann sehen Sie sich Ihren Tagesablauf doch einmal etwas genauer daraufhin an, wieviel Zeit Sie für Dinge verwenden, die im Grunde genommen belanglos sind. Wie oft sitzen Sie zum Beispiel abends vor dem Fernseher und schlafen fast ein, weil Ihnen das Programm nicht zusagt.

Dabei liegt es ganz bei Ihnen, sich Ihr eigenes Programm zu gestalten!

Ob Sie Hausfrau oder Geschäftsmann sind – wenn Sie wirklich den Willen haben, Zeit zu finden für etwas, an dem Sie Freude haben, wird es Ihnen bei einigem Nachdenken sicherlich gelingen, wenigstens gelegentlich ein halbes Stündchen zu diesem Zweck freizuhalten.

Sie sind zu müde, zu abgespannt nach einem langen Arbeitstag? Wenn es Ihnen erst einige Male gelungen ist, Ihre eigene Trägheit zu überwinden, werden Sie erstaunt sein darüber, wie erfrischend es ist, sich mit einer schöpferischen Arbeit zu befassen. Denn hier stehen Sie weder unter Zeit- noch unter Leistungsdruck, und Ihr Werk braucht keinen anderen Maßstäben und Ansprüchen zu genügen als ganz allein Ihren eigenen.

Sie haben keine Begabung? Nun, wenn Sie vollkommen unmusikalisch sind, sollten Sie es nicht gerade unternehmen, eine Oper zu komponieren.

Aber zu irgend etwas hat jeder Mensch Geschick; er muß nur die Geduld aufbringen, es herauszufinden.

Sie dürfen nur nicht vorschnell aufgeben oder sich durch kleine Mißerfolge entmutigen lassen. Es gibt so viele Möglichkeiten, die eigene Kreativität zu entfalten, daß selbst jemand, der sich für vollkommen ungeschickt hält, dabei etwas ganz Eigenes, ganz Individuelles herstellen oder gestalten kann.

Wichtig ist, sich nie zu viel auf einmal vorzunehmen. Wagen Sie sich nicht gleich an ein Ölbild, wenn Sie noch nie einen Pinsel in der Hand gehalten haben, sondern beginnen Sie zunächst einmal mit einer Bleistiftskizze. Unterteilen Sie sich ein Vorhaben in viele kleine Schritte. So haben Sie öfters ein Erfolgserlebnis. Und kleine Fehler lassen sich schneller und leichter korrigieren als große, die mitunter das ganze Unternehmen in Frage stellen. Erwarten Sie auch nicht gleich Vollkommenes von sich selbst. Im Berufsleben arbeitet man fast immer nach Anweisungen, zumindest aber nach den Vorstellungen anderer Menschen. Es ist also gar nicht so ganz einfach, sich nun umzustellen und eigene Vorstellungen zu entwickeln und zu verwirklichen. Aber in jedem Menschen schlummern ungeahnte Fähigkeiten. Sie zu entdecken reicht allein nicht aus – sie müssen auch geübt werden.

22 Streß – ein Modewort?

Mann, fühl' ich mich heute wieder gestreßt«, hörte ich kürzlich einen Siebenjährigen seufzen, als er nach dem Verlauf seines Schultages gefragt wurde. Fast möchte man über die altkluge Ausdrucksweise lächeln – aber das Lachen vergeht einem, wenn man sich klarmacht, daß selbst Schulanfänger schon einem Leistungsdruck ausgesetzt sind, der über Jahrzehnte anhalten wird. Welche Folgen dies für die Kinder und ihre Entwicklung hat, davon wissen Psychologen ein trauriges Lied zu singen. Wer einmal in den Circulus vitiosus unserer Leistungsgesellschaft hineingeraten ist, für den gibt es so leicht keine Möglichkeit mehr, sich wieder daraus zu befreien.

Dabei beruhen viele Zwänge, denen wir uns unterworfen fühlen, durchaus nicht auf einer Lebensnotwendigkeit.

Die Zwänge entstehen letztlich durch das unbegrenzte Anpassungsvermögen des Menschen an bestehende Zustände. Die Notwendigkeit dieser Anpassung konstruiert der Mensch sich in vielen Fällen selbst.

Man überlege doch nur einmal, was der Mensch wirklich braucht, um glücklich zu sein. Dann setze man einmal dagegen, was man nur glaubt zu seinem Glück zu brauchen. Die Liste dessen, was eigentlich nur unnötiger Ballast ist, wird ungleich länger ausfallen. Was nützt es aber, sich ein Leben lang unter Druck setzen zu lassen oder sich selbst unter Druck zu setzen, um Dinge zu erreichen, die einen so unverhältnismäßig hohen Aufwand an Lebenszeit und -energie im Grunde gar nicht wert sind?

Sicherlich lassen sich solche Erkenntnisse in der Theorie sehr leicht formulieren. Aber wenn man auch von der Wahrheit und Richtigkeit des Erkannten durchaus überzeugt ist – der Umsetzung in die Realität des täglichen Lebens stellen sich schier unüberwindbare Hindernisse und Schwierigkeiten entgegen. Gerade wir Deutschen tun uns auf unsere Tüchtigkeit eine Menge zugute und halten das südländische »dolce far niente« für eine Sünde wider den Geist des Leistungsprinzips. Wir haben es uns angewöhnt, Lebensstandard mit Lebensqualität gleichzusetzen. Dabei sieht es heute manchmal schon fast so aus, als ob das eine das andere ausschließe.

**Die Menschheit würde wesentlich glücklicher sein,
wenn sie sich mit dem begnügen würde,
was sie braucht – ganz einfach schon deshalb,
weil dann jeder Zeit und Muße hätte,
das zu genießen, was er hat.**

Aber leider ist den Menschen diese Genügsamkeit nicht gegeben, und so läßt sich das Rad dieser fatalen gesellschaftlichen Entwicklung auch weder zurückdrehen noch verlangsamen. Aber man muß auch nicht unbedingt zu seiner Beschleunigung beitragen!

Es war immer schon ein Privileg der Jugend, die ja durch den täglichen Kampf mit allen möglichen Widrigkeiten des Lebens noch nicht abgestumpft und korrumpiert ist, Kritik am Bestehenden zu üben und Alternativen zu suchen und auszuprobieren. Ein Mensch, der durch die Umstände schon ziemlich flügellahm geworden ist, wird kaum noch in der Lage sein, ernsthaft die Mängel zu erwägen, mit seinem gewohnten Leben zu brechen und sich so von Leistungs- und Konsumzwang zu befreien – etwa, indem er sich wie Thoreau in die Waldeinsamkeit zurückzieht oder sich einer ländlichen Kommune anschließt. Aber eine so krasse Kursänderung ist auch nicht unbedingt notwendig, um den Streß unseres Alltags auf ein erträgliches Maß zu reduzieren. Schon ein Umdenken, eine Besinnung auf das, was wirklich wichtig ist, kann eine Änderung zum Positiven bedeuten.

Bevor Sie zum Beispiel eine zusätzliche Arbeit aufnehmen (auch wenn dadurch Ihr Gehalt aufgebessert wird) oder sich eine neue Verpflichtung auferlegen (auch wenn sie mit erhöhtem gesellschaftlichem Ansehen verbunden ist), prüfen Sie doch erst einmal ernstlich, ob Sie ohne diese zusätzliche Belastung nicht glücklicher daran wären. Oft zahlt man für die Dinge, die einem erstrebenswert erscheinen, einen viel zu hohen Preis – nämlich mit dem Kostbarsten, was ein Mensch hat: Zeit und Energie. Ist es denn gar so unvorstellbar, auf ein höheres Gehalt oder ein erhöhtes gesellschaftliches Ansehen zu verzichten, wenn man damit Zeit und Kraft gewinnt für sich selbst und sein eigenes Leben? Überlegen Sie sich bei allem, was Sie tun, ob Sie es auf die Gewinn- oder Verlustseite Ihres Lebens buchen können. Vordergründige Gewinne (mehr Geld, mehr Ansehen) können oft negative Konsequenzen haben.

Glauben Sie auch nicht, daß Sie unersetzlich seien. Zwar ist jeder Mensch einmalig, aber deshalb braucht sich niemand so wichtig zu nehmen, daß er sich einbildet, ohne ihn gehe es nicht weiter. Machen Sie sich also nicht selbst das Leben schwer, indem Sie sich einbilden, alles selbst tun zu müssen, weil es sonst niemand kann. »Alles selbst machen zu wollen ist das Kennzeichen des Unbegabten«, bemerkt Richard Schaukal lakonisch dazu, was natürlich nicht als Freibrief für Faulheit und Drückebergerei zu verstehen ist. Aber Sie werden erstaunt sein, welch ein herrliches Gefühl von Freiheit und Unabhängigkeit es Ihnen vermittelt, wenn Sie sich einmal dazu durchgerungen haben, sich selbst nicht mehr für so schrecklich wichtig zu halten.

Die gangbarste Möglichkeit, den Zwängen unserer Zeit und unserer Gesellschaft Widerstand zu bieten und sich nicht von ihnen »stressen« zu lassen, ist, unser Handeln ständig dahingehend zu überprüfen, ob es wirklich notwendig ist, Zeit und Energie für etwas einzusetzen, das uns letztlich nur einen Scheingewinn verspricht. Es handelt sich nämlich immer um Lebens-Zeit und Lebens-Energie, die unwiederbringlich verloren sind, wenn wir sie nicht wirklich sinnvoll einsetzen.

Lernen Sie, auch einmal zu verzichten,
denn nur so können Sie wirklich gewinnen.
Sonst arbeiten Sie nämlich nicht für sich,
sondern gegen sich.

23 Ferien vom Ich

Im vorhergehenden Kapitel stellten wir fest, daß die meisten Menschen es sich nicht zutrauen, ihr Leben ihren Überzeugungen und Vorstellungen entsprechend zu gestalten, wenn damit ein gänzlicher Bruch mit ihren vertrauten Lebensgewohnheiten verbunden ist. Also leben sie ihr gewohntes Leben weiter – allerdings mit einem geheimen Groll, weil sie sich vom Leben benachteiligt fühlen. Aber wenn sie sich schon nicht entschließen können, ihr ganzes Leben radikal zu ändern, so bleibt ihnen doch die Möglichkeit, wenigstens ab und an in eine Rolle zu schlüpfen, die ihnen besser zusagt als die, die das Leben ihnen zudiktiert zu haben scheint. Denn auch für Menschen, die mit ihrem Leben im großen und ganzen ziemlich einverstanden sind, ist es sicherlich von Zeit zu Zeit recht erholsam, einmal jemand ganz anderer zu sein und das strapazierte Ich wenigstens zeitweilig abzustreifen. Solche »Ferien vom Ich« sind nicht nur empfehlenswert, um Abstand vom Alltagstrott zu gewinnen, sondern um auch einmal Abstand von sich selbst zu nehmen.

Wohl jeder Mensch – selbst der glücklichste und zufriedenste – hat mitunter (oder auch ständig) den Wunsch, ein völlig neues, von seinem jetzigen Dasein grundverschiedenes Leben zu leben. In jedem Menschen sind ja die mannigfaltigsten Möglichkeiten angelegt. Ein Leben reicht also bei weitem nicht aus, um auch nur den Bruchteil dieser reizvollen Chancen auszuprobieren. Wenn die Lebensführung, die man sich gewählt hat, auch noch so optimal zu sein scheint oder auch wirklich ist – die Kirschen auf der anderen Seite des Zauns sind nun einmal immer die süßesten! Einerseits möchte man sie zu gerne kosten, andererseits scheut man davor zurück, seinen »gesicherten Garten« zu verlassen oder gar aufzugeben. In vielen Fällen lassen auch wirtschaftliche oder familiäre Gründe dies gar nicht zu. Oder man wünscht vielleicht gar keine Veränderung, sondern nur einmal eine Abwechslung, um einen neuen reizvollen Aspekt des Lebens kennenzulernen.

Wenn es also in der »Alltagswelt« nicht möglich (oder nicht erstrebenswert) erscheint, solche Träume in die Wirklichkeit umzusetzen – wer hindert Sie daran, sich (sozusagen nach Feierabend) eine eigene Welt nach Ihren Vorstellungen zu bauen? Es soll dies ja keine Flucht aus der »rauhen Wirklichkeit« in eine Scheinwelt sein, wie mancher nun vermuten mag. Es ist im Gegenteil eine Bereicherung des Lebens durch Phantasie und Imagination. Und es ist eine Glücksmöglichkeit, die in der Reichweite eines jeden Menschen liegt. Hier können neue Erfahrungen gemacht, Begabungen geweckt und in jedem Fall Energien mobilisiert werden – alles Dinge, die sich befruchtend auf Ihr ganzes Leben auswirken. Es ist sicherlich ein Erfolgserlebnis, mit der Welt, wie sie nun einmal ist, fertig zu werden. Aber es ist ein schöpferischer Prozeß, sich selbst eine neue Welt zu schaffen.

Vielleicht würde mancher Sie für ein wenig »spinnert« halten, wenn er wüßte, daß Sie sich am Wochenende oder im Urlaub als alter Römer kostümieren und Latein lernen oder vor Ihrer Stereoanlage große Sinfonien dirigieren. Aber das soll Sie nicht stören. Es ist ja Ihr Leben, nicht wahr? Die »Ferien vom Ich« mögen zwar Außenstehende zum Lächeln reizen, aber für Sie selbst können sie eine nachhaltigere Erholung bedeuten als ein Urlaub an überfüllten Stränden oder in lauten Hotels. Denn dorthin schleppen Sie immer Ihren »alten Adam« mit, den Sie hier endlich einmal ablegen dürfen. Ein solcher Ausflug in das Reich Ihrer Phantasie und Ihrer Träume ist sozusagen eine schöpferische Pause, in der Sie Abstand gewinnen und sich regenerieren können.

Vielleicht sind Sie ein erfolgreicher Geschäftsmann, der den ganzen Tag am Schreibtisch sitzt und Sehnsucht nach dem hat, was er sich unter dem harten und einfachen Leben der »kleinen Leute« vorstellt. Setzen Sie einmal ein Wochenende oder ein paar Urlaubstage daran, im Hafen oder in einem Lagerhaus zu arbeiten! Aber vergessen Sie dabei unbedingt, daß Sie das Ganze »nur als Spiel« ansehen – Sie müssen sich ganz ernsthaft in Ihre Rolle versetzen, also nicht Sie selbst bleiben, sondern »der andere« werden, der in Ihnen steckt.

Vielleicht sind Sie eine begeisterte Hausfrau, die mit ihrem Los zwar ganz zufrieden ist, sich aber mitunter wünscht, wenigstens für ein paar Stunden der täglichen Routine zu entgehen. Nichts leichter als das! Ihr Haushalt wird es schon verkraften, wenn Sie ihn einmal für ein paar Stunden sich selbst überlassen. Wenn die Kinder in der Schule oder im Kindergarten sind, läßt es sich ab und zu einrichten, daß Sie ein paar Stunden ganz für sich alleine haben. Ziehen Sie sich schick an, und gehen Sie in das eleganteste Café der Stadt. Oder in den Zoo. Oder in eine Theater-Matinee. Oder tun Sie etwas anderes, was Sie noch nie getan haben – unternehmen Sie einen Sauna-Besuch, gehen Sie in ein türkisches Bad. Sie werden feststellen, wie erfrischend ein solches »Doppelleben« sich auf Sie selbst und auf Ihren Alltag auswirkt.

Vielleicht wollten Sie einmal Schauspieler oder Sänger werden? Proben Sie Rollen und Lieder, seien Sie Hamlet oder Zigeunerbaron, Ophelia oder Tosca! Sie möchten reisen, ferne exotische Länder erleben? Wenn das Geld dazu nicht reicht oder die Zeit fehlt, brauchen Sie dennoch nicht auf die »ganz große Welt« zu verzichten. Bereisen Sie die Länder Ihrer Träume im Geiste – anhand von Prospekten, Büchern, Landkarten. Veranstalten Sie ein tunesisches, spanisches oder lappländisches Wochenende (oder einen ganzen Urlaub) mit den entsprechenden Gerichten und Getränken. Nehmen Sie für diese Zeit die Lebensart Ihres »Gastlandes« an und dekorieren Sie Ihre vier Wände, um die richtige Atmosphäre zu schaffen.

Nur eine Ersatzbefriedigung, sagen Sie? Sie irren sich. Denn sofern Sie sich selbst und Ihr Tun ernst nehmen, sich wirklich für einige Zeit in Ihr neues, anderes Ich hineinversetzen, es wirklich sind und nicht nur so tun »als ob«, werden Sie zwar eine andere Erfahrung als bei der »realen« Erfüllung Ihrer Wünsche machen – aber eine durchaus gleichwertige! Vielleicht wird dieses Erlebnis sogar wesentlich intensiver sein. Und außerdem: Was Sie in Ihrer »Privatwelt« erleben, können Sie ganz nach Ihren eigenen Vorstellungen und Wünschen gestalten – können also Enttäuschungen vermeiden.

Närrische Spielerei, sagen Sie? Sie haben recht – aber im positiven Sinn. Der Spieltrieb – der Trieb zu zweckfreiem Tun – ist dem Menschen angeboren. Es ist ihm ein elementares Bedürfnis, mitunter in eine andere Rolle zu schlüpfen, sich zu »verkleiden«.

In unserer Brust wohnen nicht nur zwei, sondern eine ganze Anzahl von Seelen.

Es ist aber meistens nur eine von ihnen, die sich im Alltagsleben auch tatsächlich verwirklichen kann. Und selbst dann ist sie gezwungen, sie einem bestimmten Zweck (Verdienen des Lebensunterhalts) entsprechend zu entwickeln. Eine solche Beschränkung empfindet man zwar als unumgänglich, aber immer doch als Eingrenzung seiner persönlichen Anlagen. Auch die anderen Seiten des Ichs auszuleben bedeutet, sich seiner selbst und seiner Möglichkeiten voll bewußt zu werden.

24 Positive Lebenskraft tanken

Um sein Leben zu erhalten, muß der Mensch Energien verbrauchen. Er muß Nahrung beschaffen, für Schutz gegen Witterungseinflüsse sorgen. Die für die damit verbundene körperliche Arbeit verbrauchte Energie wird durch Schlaf und Nahrungsaufnahme regeneriert. Das ist auch heute in unserer hochzivilisierten Zeit nicht anders als bei den Höhlenmenschen. Aber zur körperlichen Anspannung kommt eine immer stärker werdende Anspannung unserer Nerven hinzu. Hektik, Lärm, sich häufende Streß-Situationen im Verkehr, im Beruf und im Privatleben vermindern unsere seelische Spannkraft. Auch hier werden Energien verbraucht, die nicht unerschöpflich sind.

Nicht nur die körperlichen, auch die seelischen Kräfte müssen regeneriert werden, wenn man schwerwiegende Folgen für seine Gesundheit und sein Wohlbefinden vermeiden will.

Um positive Lebenskraft zu tanken, also das seelische Kraftreservoir wieder aufzufüllen, ist weder eine Urlaubsreise noch ein Kuraufenthalt nötig. An jedem Tag, ja beinahe in jeder Stunde bieten sich vielfältige Gelegenheiten, neue innere Kräfte zu sammeln. Autogenes Training, Atem- und Entspannungsübungen sind wirksame Möglichkeiten, innerhalb von Minuten verbrauchte Energien zu erneuern. Solche Techniken sind weder exotisch noch schwer erlernbar. Sie helfen uns, bei einem Minimum an

Aufwand in kürzester Zeit wieder zu uns selbst zu finden. Das hat wohl jeder während seines Arbeitstages nötig, eine Hausfrau ebenso wie ein Bankdirektor, ein Fließbandarbeiter ebenso wie eine Sekretärin. Sie alle geraten – ob sie es wollen oder nicht – in den hektischen, betriebsamen Strudel des Alltagsgeschehens, und um sich selbst und seine Ruhe und Ausgeglichenheit dabei nicht zu verlieren, ist es notwendig, zwischendurch wenigstens für ein paar Momente tief Luft zu holen – nicht nur mit den Lungen, sondern auch mit der Seele.

Welcher Umgang dich kräftigt,
dich zur Fortsetzung der Lebensarbeit kräftiger macht,
den suche;
welcher in dir eine Leere und Schwäche hinterläßt,
den fliehe wie ein Kontagium,

rät Ernst von Feuchtersleben. Sie haben sicher ebenfalls die Erfahrung gemacht: Nach dem Zusammensein mit manchen Menschen fühlt man sich befreiter, fröhlicher, ausgeglichener, während einen die Gesellschaft anderer Menschen verärgert, langweilt oder deprimiert. Im Berufsleben kann man sich seine Kollegen und Geschäftspartner nicht aussuchen. Daher sollten wir unseren privaten Umgang um so mehr auf jene Menschen beschränken, die einen positiven Einfluß auf uns haben. Geselligkeit soll uns ja anregen, erheitern und aufmuntern – und nicht an unserer Substanz zehren. Seien Sie also wählerisch bei den Menschen, mit denen Sie umgehen. Gleichgültige, nichtssagende oder gar lästige Zeitgenossen geben Ihnen nichts, sondern tragen nur dazu bei, daß Ihr Energiepotential sich verringert. Versuchen Sie dagegen, Menschen mit positiver Ausstrahlungskraft an sich zu ziehen, in deren Gesellschaft Sie Ihre »verbrauchten Batterien« wieder auffüllen können.

Aber man sollte den Rat Ernsts von Feuchtersleben in seiner Anwendung nicht auf den Umgang mit Menschen beschränken, sondern sich seiner auch bei allen anderen Gelegenheiten bedienen. Widmen Sie sich, so oft es geht, ganz bewußt Beschäftigungen, die einen positiven Einfluß auf Sie haben. Jede Tätigkeit, die Ihnen Freude macht und eine Hochstimmung in Ihnen hervorruft, ist eine Quelle, aus der Sie neue Lebensenergie schöpfen können. Das Alltagsleben ist oft deprimierend genug – es soll Sie nicht noch in alle Ihre freien Stunden verfolgen.

Wie sollen Sie mit den Widrigkeiten des Lebens fertig werden,
wenn Sie sich nicht wenigstens ab und zu darüber vergewissern, daß das Leben auch eine Menge schöner Seiten hat?

Viel zur Erhaltung und Kräftigung unseres seelischen Energiepotentials können auch Bücher und Musik beitragen. Wählen Sie also auch Ihre Lektüre und die Musik, die Sie anhören, ganz bewußt nach entsprechenden Gesichtspunkten aus. Von weiteren Möglichkeiten, positive Lebenskraft zu tanken, wird in den drei folgenden Kapiteln ausführlich die Rede sein.

25 Zurück zur Natur!

Diese Forderung wurde vor 200 Jahren von dem Kulturphilosophen Jean-Jacques Rousseau aufgestellt, der schon damals die schädlichen Folgen der Zivilisation für den Menschen erkannte. Heute ist diese Forderung aktueller denn je, denn der Mensch der Gegenwart lebt inzwischen in einer Welt aus Plastik und Synthetik, die jedes Gefühl für natürliche Zusammenhänge in ihm abtötet. Unsere schon fast selbstmörderischen Vorstellungen von Technik und Fortschritt berücksichtigen kaum noch, daß wir Wesen aus Fleisch und Blut und nicht ein Konglomerat von Mikroprozessoren sind.

Der Mensch stellt sich nicht nur außerhalb des natürlichen Geschehens – er stellt sich gegen die Natur, indem er sich von ihr unabhängig glaubt und auf dem besten Wege ist, sie durch seine technischen Möglichkeiten und Errungenschaften unbewohnbar zu machen.

Wo die Natur aufhört, fängt der Unsinn an,

sagt ein – leider viel zuwenig bekanntes – deutsches Sprichwort. Indem wir uns mit einem Übermaß an Künstlichkeit umgeben, verschütten wir leichtfertig immer mehr natürliche Energiequellen, aus denen wir lebensnotwendige innere Kräfte schöpfen könnten.

Der Mensch ist Bestandteil eines ökologischen Systems, dessen Differenziertheit ans Wunderbare grenzt (aber wer hat heute noch einen Blick für Wunder?). Aber nicht nur seine körperliche Gesundheit ist davon abhängig, daß er die Wichtigkeit des Funktionierens dieses Systems erkennt – auch sein seelisches Gleichgewicht wird erschüttert, wenn er nicht wenigstens ab und an hautnahen Kontakt mit der Natur sucht. Das hat weder etwas mit militantem Umweltschutz noch mit Naturschwärmerei zu tun. Aber das bewußte Empfinden, Teil eines lebendigen Ganzen zu sein und sich in diesem Ganzen geborgen fühlen zu können, ist gerade für den motorisierten, hochtechnisierten und überzivilisierten Menschen unserer Zeit ein wirksames Mittel, auch neue innere Kräfte zu sammeln.

Gerade die Natur kann uns so unendlich viele beglückende Erkenntnisse vermitteln, daß es schon an Beschränktheit grenzen würde, die hier gebotenen Möglichkeiten nicht auszuschöpfen.

**Unsere hektische Zeit hat uns kurzatmig gemacht,
aber nur ein langer, tiefer Atem
kann uns unsere innere Ruhe wiedergeben.**

Diesen Atem kann uns die Natur lehren. Nur eine Stunde lang darin mitzuschwingen – in einem Wald oder einem Garten, in Wiesen und Feldern – kann eine nachhaltigere Erholung bedeuten als eine Reise nach Teneriffa oder Lanzarote.

Denn Sie werden lernen, Geduld zu haben mit sich und den anderen, weil die Natur Ihnen zeigt, daß alles seine Zeit braucht, um zu werden und zu wachsen. Sie werden lernen, die sinnvolle Schönheit einer Grasrispe oder eines »Unkrauts« zu entdecken. Das wird Ihnen den Blick öffnen für die Wunder, die sich hinter oft unscheinbaren Dingen des täglichen Lebens verbergen. Sie werden lernen, Ihren Platz in der natürlichen Ordnung zu erkennen und so sich selbst und Ihre Probleme nicht mehr ganz so wichtig zu nehmen. Mit einem Wort:

Die Beschäftigung mit der Natur lehrt Sie, bewußter zu leben.

Und bewußter leben bedeutet, die Glücksmöglichkeiten, die das Leben jedem Menschen bietet, besser zu erkennen und voll auszuschöpfen.

Natürlich wird sich Ihnen alles dieses nicht bei einem lärmenden Picknick oder bei einem feuchtfröhlichen Betriebsausflug offenbaren. Man muß schon ganz still werden, um die Weisheit der Natur belauschen zu können – und das ist etwas, was nicht jedem gleich auf Anhieb gelingt. Wir sind an Lautstärke gewöhnt, und die ungewohnte Stille mag uns anfangs unbehaglich sein. Aber auch hier wie bei allen anderen Dingen heißt es, nicht vorschnell aufzugeben. Ein wenig müssen wir schon selbst tun: nämlich empfänglich werden für die Geschenke des Lebens.

**Wir müssen uns nicht alles erkämpfen.
So vieles Schöne wird uns geschenkt,
wenn wir nur bereit sind, es anzunehmen.**

26 Fruchtbare Einsamkeit

Der Mensch ist ein soziales Wesen und braucht als solches zu seinem Wohlbefinden den Umgang mit Artgenossen. Aber ebenso notwendig braucht der Mensch auch die Gelegenheit, mit sich allein sein zu können – heute mehr denn je. Wir sind täglich einer solchen Flut von Eindrücken und Reizen ausgesetzt, daß wir sie kaum noch verkraften können. Eine derartige Überflutung ohne die Möglichkeit zur innerlichen Aufarbeitung des Erlebten führt zwangsläufig zur Oberflächlichkeit.

**Wer aber nur an der Oberfläche lebt,
gibt sich mit Unwesentlichem zufrieden.**

Nicht nur, daß man auf diese Weise alles wahllos auf sich herabrieseln läßt und nicht selbständig wertet und abwägt – man läuft auch Gefahr, sich selbst dabei zu verlieren, ein nur von äußeren Einflüssen und nicht von eigenen Entscheidungen abhängiges Wesen zu werden. Gerhart Hauptmann bringt dieses Verhalten auf eine Formel, die uns sehr nachdenklich machen sollte: »In den modernen Großstädten rennen die Menschen hinter sich selbst her und erreichen sich selten.«

**Sich selbst verlieren heißt die Mitte verlieren,
den ruhenden Pol, ohne den es keine Harmonie
im Leben eines Menschen geben kann.**

Ich sagte es bereits: Nicht, was wir erleben, ist letztlich ausschlaggebend, sondern das, was wir selbst daraus machen. Unsere Erlebnisse können wir uns nicht immer aussuchen, aber es liegt ganz bei uns, ob wir sie in einem für uns positiven Sinn verwerten. Um aus dem, was uns begegnet, den optimalen Nutzen ziehen und die darin verborgenen Glücksmöglichkeiten entdecken zu können, brauchen wir Ruhe zum Nachdenken. Nur in der Stille, in der Einsamkeit können wir die vielfältigen Eindrücke, die uns auf Schritt und Tritt begegnen, ordnen, verkraften und Gewinn aus ihnen ziehen. Nur in der Einsamkeit, unter zwei Augen sozusagen, kann der Mensch wieder ganz er selbst werden.

Viele Menschen scheuen die Einsamkeit – aus Angst, sich selbst zu begegnen und sich vielleicht eingestehen zu müssen, daß das eigene Ich zu einem ausgehöhlten Etwas geworden ist, das neben der äußeren Schale nur noch recht wenig Substanz enthält. Eine solche Erkenntnis ist in der Tat ein Grund zu erschrecken, aber auch ein Grund für einen neuen Anfang, für ein neues Verhältnis zu sich selbst und zum Leben.

Glücklich sein heißt, ohne Schrecken
seiner selbst innewerden können,

definiert Walter Benjamin. Es liegt an Ihnen, einen solchen Schrecken als heilsamen Denkanstoß zu betrachten. Seiner selbst innewerden, sich über sich selbst klarwerden kann man aber nur in der Ruhe der Einsamkeit. Geben Sie nicht klein bei, wenn das Ich, das sich dabei herausschält, Ihnen durchaus nicht zusagt. Es hat doch keinen Zweck zu versuchen, sich von sich selbst abzuwenden.

Andere Menschen können Sie meiden –
sich selbst entrinnen Sie nie.

Arbeiten Sie deshalb an sich und schaffen Sie sich eine eigene Substanz, indem Sie das, was sich Ihnen von außen aufdrängt, richtig »verdauen«. Nur so werden Sie Ihr Leben nach Ihrer eigenen Bestimmung gestalten können.

Der beste, ja der einzige Weg dazu ist die zeitweilige bewußte Einsamkeit, auch wenn diese Einsamkeit Ihnen anfangs erschreckend vorkommen mag. Wenn Sie sich erst einmal daran gewöhnt haben, ab und an eine Stunde nur in Ihrer eigenen Gesellschaft zu verbringen, werden Sie solche Gelegenheiten bald zu schätzen wissen. Sie werden feststellen, wieviel Kraft Sie aus sich selbst schöpfen können, wie viele verborgene Reserven in Ihnen stecken, die Sie für ein bewußteres, intensiveres Leben nutzen können. Nur in der Stille kann man reifen.

**Menschliche Reife
ist eine wesentliche Voraussetzung
für ein glückliches, harmonisches Leben.**

27 Das Glück der Tiefe

Eine besondere Art der Glückserfahrung sparen viele Menschen bewußt oder unbewußt aus: die Religiosität. In unserer kopflastigen Gesellschaft (der herrschenden Überbewertung der menschlichen Vernunft) wird Glauben fast generell gleich Nicht-Wissen gesetzt. Dabei hat Glauben mit Wissen oder Nicht-Wissen absolut nichts zu tun, denn Glauben findet auf einer ganz anderen Bewußtseinsebene statt, die das Wissen weder notwendigerweise ein- noch ausschließt. Gerade deshalb ist Religiosität auch jedem Menschen zugänglich – ganz gleich, ob es sich um einen hochgebildeten Wissenschaftler oder um ein unverbildetes Naturkind handelt.

Glaube und Religiosität prinzipiell oder aus »Vernunftgründen« abzulehnen bedeutet bewußtes Ärmerwerden an Erfahrungs- und Glücksmöglichkeiten. Zugehörigkeit zu einer bestimmten Konfession, Kirchgang und die Übernahme gewisser dogmatischer Vorstellungen können zwar Hilfen, aber nie Voraussetzungen für das Glaubenserlebnis eines Menschen sein. Denn bei diesen Dingen handelt es sich um die menschliche Interpretation einer für die Vernunft nicht interpretierbaren, weil übermenschlichen Existenz.

Daß Gott nicht beweisbar ist,
ist letztlich der Beweis seiner Existenz.

Voltaire, einer der überzeugtesten Anhänger und Vertreter der Aufklärung, schrieb dazu:

Der trüglichen Vernunft
gib nimmer dich ganz hin;
Dich schuf ein Gott, zu lieben ihn,
doch nicht ihn zu verstehn.

Aber es ist ein zutiefst menschliches Bedürfnis, sich auch von den Dingen, die über die Erkenntnis hinausgehen, ein Bild zu machen. Da jeder Mensch anders denkt und fühlt, hat auch jeder eine andere Vorstellung von Gott (das gilt auch für jene, die die Existenz Gottes verneinen!). Überspitzt gesagt: Nicht nur Gott hat den Menschen nach seinem Bilde geschaffen, sondern jeder einzelne Mensch formt sich wiederum Gott nach seinem eigenen Bild. Oder, wie Spinoza es einmal ausdrückte: Wenn Dreiecke denken könnten, würden sie sich einen dreieckigen Gott vorstellen.

Die Quintessenz aus diesem sehr theoretischen Exkurs ist: Wenn Sie vermeintliche Äußerlichkeiten wie Konfessionszugehörigkeit, liturgisches Ritual oder Verbindlichkeit des Bibelwortes für sich selbst nicht akzeptieren können – aus welchen Gründen auch immer –, so hat dies im Grunde sehr wenig mit Glauben zu tun.

Das ganze Leben eines Menschen ist ja nichts weiter als ein ständiges Gespräch mit Gott –

wie immer der einzelne sich Gott auch vorstellen mag. Statt Gespräch könnte man auch Gebet sagen, denn beten beschränkt sich ja durchaus nicht auf vorgeschriebene Formeln. Und genauso wie es unzählige Formen des Gesprächs gibt, gibt es auch unzählige Formen des Gebets. Gebet kann sich als Zorn und Anklage, als Hilfeschrei,

Bitte und Forderung gegenüber Gott ausdrücken, aber auch durch Verehrung, Bewunderung und Rührung, die man angesichts der Natur, eines Menschen oder auch eines Kunstwerkes empfindet. Gebet ist auch Stillewerden. Wenn heute fernöstliche Meditationspraktiken importiert werden, um uns dieses Stillewerden wieder zu lehren, so heißt dies fast, Eulen nach Athen zu tragen. Gebet bedeutet ja auch Versenkung ins eigene Innerste, denn Gott ist überall, aber Erkenntnis nur in uns.

In diesem Sinne verstanden, sollte man möglichst häufig bewußt beten (oder – wenn Ihnen dieses Wort mehr zusagt – meditieren). Religiosität beginnt mit der Erkenntnis, daß die Welt, wie sie sich dem oberflächlichen Betrachter darstellt, eben nur Oberfläche ist. In die Tiefe vorzudringen, somit neue Welten zu entdecken – und hinter diesen immer weitere, die letztlich auf ihren Schöpfer verweisen – ist ein sehr wesentlicher Aspekt menschlichen Glücks, wie es in diesem Buch definiert wird.

»Bewußtseinserweiterung« nennt man den so erzielten Zustand heute gern. Aber man braucht dazu weder Drogen noch Yogaübungen, noch eine der oft (nicht immer!) fragwürdigen exotischen Meditationspraktiken. Auch in diesem Zusammenhang soll es noch einmal gesagt werden:

Das Glück ist in uns – oder es ist nirgends.

Um »sehend« zu werden – und das ist ja letztlich mit dem Begriff »Bewußtseinserweiterung« gemeint –, muß man nur entdecken, daß die Welt, wie sie sich dem physischen Auge zeigt, weder die endgültige noch die einzige Welt ist, die dem Menschen zugänglich ist. So betrachtet, bedeutet Religiosität – und auch schon die Auseinandersetzung mit Glaubensfragen! – das Wissen um die Tiefe.

Religiosität ist keine passive, bequeme oder weltfremde Haltung. Das Handeln eines religiösen Menschen steht nur unter einem anderen Gesetz, findet unter anderen Voraussetzungen statt – eben weil er sich nicht mit der Oberfläche der Dinge begnügt. Ein gläubiger Mensch betet ja nicht um Hilfe und wartet dann ab in der Gewißheit, daß der liebe Gott schon etwas unternehmen wird! Er weiß, daß jedes echte Gebet schon seine Erfüllung in sich selbst trägt. Gott greift ja in diesem Sinne nicht direkt in das Leben der Menschen ein, sondern bereits die *Hinwendung* zu ihm im Gebet gibt dem Bittenden (aber auch dem Hadernden) die Kraft, selbst mit sich und seinem Leben fertig zu werden.

Zudem ist Glaube auch noch in anderer Hinsicht ein äußerst aktiver Prozeß – wohlgemerkt: Prozeß, nicht: Zustand! Wenn man unter »Glück« ein leichtes, also oberflächliches Leben versteht, hat es ein gläubiger Mensch sicherlich sehr viel schwerer als jeder andere. Er wird nämlich – weil er nach Wahrheit strebt – immer wieder sich, seine Überzeugungen und also auch das individuelle Bild, das er sich von Gott gemacht hat, in Zweifel ziehen. Aber wer nie zweifelt und seinen Glauben dadurch Belastungen aussetzt, wird auch nie Gewißheit haben. Ein kluger Mann sagte einmal: »Wer mit siebzehn kein Atheist ist, kann mit dreißig kein guter Christ sein.« Er hat ja keine anderen Möglichkeiten kennengelernt. Und wer nie die Wahl hatte, hat auch nie gelernt, seine persönlichen Entscheidungen zu treffen.

Kehren wir noch einmal zum Beten, zum Sprechen mit Gott zurück. Mancher Leser wird fragen: Wann, wie und wo soll denn dieses Sprechen mit Gott stattfinden? Die Antwort lautet: Beten kann man immer; beten kann man laut oder leise, in Form geprägter Texte, wie dem »Vaterunser«, oder in »freier« Zwiesprache; beten kann man überall.

Nehmen Sie sich die Zeit, auch Kirchen einmal nicht nur als kunsthistorische Sehenswürdigkeiten im Schnellschritt »abzumachen«. Setzen Sie sich in eine Bank und lassen Sie den Kirchenraum auf sich wirken. Sehr schnell werden Sie spüren, daß hier ein »Haus Gottes«, ein Ort des Gebetes gebaut wurde. Nehmen Sie sich die Zeit, die Atmosphäre eines Kirchenraumes aufzunehmen. Sie werden – selbst wenn Sie nicht ausdrücklich »beten« – plötzlich das Gefühl eines inneren Friedens empfinden, werden sich bereichert fühlen und den Kirchenraum mit einer Art Glücksgefühl verlassen.

Der heilige Augustinus hat einmal gesagt: »Unruhig ist unser Herz, bis es ruht in dir, o Gott.« Dieser Satz hat heute vielleicht eine noch größere Bedeutung als zu Lebzeiten des Kirchenlehrers vor rund 1500 Jahren. Die Hektik unserer Zeit, der sogenannte Streß, frißt den Menschen von heute förmlich auf, wenn er nicht irgendwo in seinem Leben einen Ruhepunkt hat. Die Religion, ein Sprechen mit Gott, könnte hier einen wirksamen Ausgleich gegen den »Alltag« schaffen.

Auch wer sich konfessionell nicht binden möchte – die Geschichte zeigt freilich, daß der Mensch im Begegnen mit Gott nach festen Bindungen geradezu sucht – sollte die Möglichkeiten, die religiöse Gemeinschaften zu bieten haben, nicht einfach verwerfen. Wir Menschen sind von Natur aus Gemeinschaftswesen. Wir organisieren uns in Gruppen, Parteien, Vereinen, Staatsverbänden. Doch was wir hier als »normal« und selbstverständlich ansehen, das scheint für manche auf religiösem Gebiet eine Zumutung zu sein. Natürlich kann man auch ohne konfessionelle Bindung, ohne Mitglied einer Gemeinde zu sein, mit Gott sprechen und aus diesem Beten Kraft schöpfen. Aber die Gefahr der Vereinsamung – die große Gefahr unserer Zeit überhaupt – kann sich hier einstellen. Und so möchte ich diesen Abschnitt über »das Glück der Tiefe«, der die Gesichtspunkte Beten und Religiosität freilich nur streifen und andeuten konnte, schließen mit dem Hinweis auf die großen Möglichkeiten, die im religiösen Gemeinschaftsleben liegen. Wer das Glück gehabt hat, einmal in einer Kirche das Chorgebet und den Chorgesang von Mönchen zu hören, der wird einen Eindruck von der mitreißenden Kraft des gemeinsamen Gebetes bekommen haben.

Der größte Reichtum,
den ein Mensch in seinem Leben erwerben kann,
ist sein Reichtum an Wissen.

Damit ist aber nicht trockenes Schulwissen gemeint, sondern das Wissen, das er sich durch eigenes Suchen und Forschen erwirbt. Nur durch dieses Wissen wächst der Mensch innerlich, nähert sich jener Vollkommenheit, die er zwar nicht erreichen kann, nach der zu streben jedoch eine der beglückendsten Erfahrungen menschlichen Lebens ist. Auch das Bild, das der Mensch sich in ehrlichem Ringen von Gott macht, wächst mit ihm – und damit seine Gottesnähe. Je mehr sich ein Mensch seinem Ursprung – Gott – nähert, desto »heiler« und damit harmonischer wird er.

Glück wird in diesem Buch als Harmonie des Menschen mit sich selbst und mit seiner Umwelt definiert. Eine grundlegende Glückserfahrung besteht im Glauben an Gott, in der Religiosität. Zugegeben, es ist kein Glück, das einem in den Schoß fällt, aber es wirkt desto nachhaltiger, und es vermag ein ganzes Leben im positiven Sinn zu verändern.

28 Der Unterschied zwischen Sein und Tun

Im 15. Kapitel machte ich eine kleine Exkursion in die fernöstliche Philosophie und stellte fest, daß sie, im Gegensatz zur westlichen Weltanschauung, das Sein dem Tun vorzieht. Wenn diese Einstellung den meisten von uns auch nicht liegen mag, so sollten wir doch zumindest ein wenig daraus lernen. Glücklichsein ist nun einmal keine Aktivität, sondern ein Zustand.

Vergessen Sie bei allem Streben das Leben nicht und bei allem Haben-Wollen nicht das Sein – vor allem das Glücklichsein.

Eric Berne erzählt in seinem Buch »Spiele der Erwachsenen« eine kleine Geschichte, über die es sich lohnt nachzudenken:

Ein Chinese, begleitet von einem Kaukasier, war einmal gerade im Begriff, die lokale Untergrundbahn zu besteigen, da machte ihn sein Begleiter darauf aufmerksam, daß sie 20 Minuten Zeit sparen könnten, wenn sie statt dessen mit dem Eilzug führen. Beide entschlossen sich, das zu tun. Als sie an der Station am Central Park ausstiegen, setzte sich der Chinese zur großen Verblüffung seines Begleiters auf eine Bank. »Nun«, sagte der Chinese, »wir haben 20 Minuten Zeit gespart, also können wir es uns jetzt auch leisten, so lange hier zu sitzen und unsere Umgebung zu genießen.«

Sagen Sie selbst: Hat er nicht recht, der Chinese im Central Park?

**Freude sollte ein Kapital der Menschen sein,
aber wir tun oft gerade so, als sei Freude
ein Sparpfennig, den man ängstlich hüten müsse
und nicht verschwenden dürfe.**

Unser Leben ist aus einzelnen Augenblicken zusammengesetzt, und nur der gegenwärtige Augenblick ist letztlich das Leben, denn alles andere ist bereits Vergangenheit oder noch Zukunft. Denken Sie immer daran, daß dieser Augenblick niemals wiederkommt, daß er unwiederbringlich vorüber ist.

In einem alten Buch fand ich einen Vers des längst vergessenen Dichters Uz aus dem 18. Jahrhundert, der heute noch genauso wahr und gültig ist wie vor 200 Jahren, wie überhaupt zu allen Zeiten, und den ich Ihnen deshalb nicht vorenthalten möchte:

*Der Mensch verfolgt mit starrem Blick
ein ihm entfliehend lächelnd Glück;
er jammert um versagte Freuden;
erst wenn sie flüchtig scheiden,
erkennt und schätzt er sie.
Doch was er hat, genießt er nie.*

Das Problem des modernen Menschen ist es, daß er nie Zeit zu haben glaubt. Immer gibt es Dinge, die unbedingt erledigt werden müssen. Am Ende »erledigen« diese Dinge dann uns. Dadurch lassen wir uns viele schöne, beglückende Momente entgehen. Wenn Ihr kleiner Sohn Ihnen unbedingt das Bild zeigen möchte, das er gerade gemalt hat, und Sie sind mitten im Abwasch oder sehen gerade ein spannendes Fußballspiel im Fernsehen an, dann stellen Sie sich doch einmal die Frage, was denn nun wirklich wichtiger ist. Oder draußen scheint nach langen Regentagen endlich einmal wieder die Sonne und lockt Sie, einfach hinauszulaufen und die frisch gewaschene Welt zu begrüßen – warum tun Sie es dann nicht? Die Briefe, die Sie vielleicht zu schreiben haben, laufen Ihnen nicht weg, und die schmutzige Wäsche ebenfalls nicht. Aber die halbe Stunde, die Sie sich selbst schenken, wäre unwiderruflich vorbei, wenn Sie sie nicht nutzten!

Ein weiteres Problem, das sich auf unserem Weg zum Glück stellt, ist, daß wir verlernt haben, zwischen Sinn und Zweck zu unterscheiden. Der Leistungsdruck in Schule und Beruf, ja in den intimsten sozialen Beziehungen wird immer größer. Um hier mithalten zu können, lassen wir uns in einen Strudel zweckvoller Aktivitäten hineinreißen, die uns vielleicht zu einer beruflichen Karriere, zu einer gesicherten gesellschaftlichen Position führen, die aber in Hinblick auf unser Leben als Ganzes recht sinnlos erscheinen müssen, wenn sie uns nicht auch innere Befriedigung gewähren.

Natürlich ist auch ein Spaziergang in der freien Natur nicht immer zweckfrei. Er kann der Belehrung dienen oder auch der Regeneration von Kräften, die zur Verfolgung eines Zweckes notwendig sind. Am schönsten, beglückendsten und damit am sinnvollsten aber ist ein solcher Spaziergang, wenn wir ihn ohne einen besonderen Zweck unternehmen – einfach aus Freude an der Welt und aus Freude an uns selbst.

Zeit ist kostbar –

**Denn Zeit ist der Stoff,
aus dem unser Leben gemacht ist.**

»Verschwendete Zeit ist Dasein, gebrauchte Zeit ist Leben«, sagt der englische Dichter Edward Young. Sie sollten deshalb auch nie Zeit totschlagen – dieses »Delikt« richtet sich weniger gegen die Zeit als gegen Sie selbst –, sondern jede Minute sinnvoll nutzen.

29 Intermezzo in Moll

Sicher kennen Sie diesen Zustand, den ich in der Überschrift so untertreibend als »Intermezzo in Moll« bezeichnet habe: Man fühlt sich geistig und körperlich abgeschlafft, ohne einen Grund dafür zu wissen, hat zu nichts Lust, kann sich zu nichts entschließen und kann weder sich selbst noch andere ausstehen. Mit einem Wort: man fällt sich selbst zur Last. Ich habe diese seelische Verfassung bewußt »Intermezzo« genannt, denn es handelt sich dabei wirklich nur um ein Zwischenspiel – wenn auch ein lästiges –, das vorübergeht.

Es ist sinnlos, sogar schädlich, gegen diesen Zustand mit Gewalt angehen, sich mit einem Kraftakt daraus befreien zu wollen. Sie verschwenden dabei nur unnütz Energien. Vorwürfe, die Sie sich machen – etwa weil Sie »sich gehenlassen« –, machen Sie nur noch deprimierter, und so geraten Sie in einen regelrechten Teufelskreis. Lassen Sie diese Phasen von selbst abklingen – sie gehen ganz bestimmt vorbei, auch wenn Sie sich das oft gar nicht vorstellen können, wenn Sie sich gerade in einem solchen Zustand befinden. Damit es nicht gar zu schlimm wird, können Sie sich selbst ein wenig behilflich sein. In den folgenden Kapiteln werden wir uns näher damit befassen, welche Möglichkeiten es gibt.

Es ist eine durchaus natürliche Sache, daß es – genau wie bei der physischen Leistungsfähigkeit – auch Stimmungs-»Hochs« und Stimmungs-»Tiefs« gibt. Geist und Seele brauchen ebenso ihre Regenerationsphasen wie der Körper.

Vielleicht ist Ihnen auch schon aufgefallen, daß diese Hochs und Tiefs ziemlich regelmäßig auftreten. Wenn Sie wissen, wann Sie mit welcher Phase zu rechnen haben, können Sie Ihren Lebensrhythmus weitgehend darauf abstimmen. Sie sollten sich deshalb selbst beobachten, um feststellen zu können, wann Sie mit einem Stimmungsumschwung rechnen müssen.

Das Verfahren ist ganz einfach. Sie brauchen dazu nur einen Kalender, einen Bleistift und etwas Geduld. Tragen Sie nun einige Monate lang jeden Tag ein, ob Sie sich vorwiegend in guter oder schlechter Stimmung befunden haben. Es ist wichtig, dies über einen längeren Zeitraum hinweg zu tun, denn naturgemäß werden Sie einen guten Tag während einer Tiefperiode verbuchen können, wenn gerade jetzt ein freudiges Ereignis eingetreten ist. Oder umgekehrt einen schlechten Tag in einem Stimmungshoch, etwa wenn Sie gerade eine traurige Mitteilung erhalten haben. Für einen guten Tag setzen Sie einfach ein Pluszeichen, für einen schlechten Tag ein Minuszeichen neben das Datum. Bald schon können Sie erkennen, in welchen Abständen sich diese seelischen »Großwetterlagen« abwechseln. Manchmal werden Ihre Minusphasen länger andauern, manchmal kürzer. Manchmal tun Sie sich damit besonders schwer, während Sie ein anderes Mal kaum bemerken, daß Sie sich in einem Tief befinden.

Man bezeichnet dies in der Wissenschaft als Biorhythmik. Danach soll es – gerechnet vom Tag der Geburt an – drei verschiedene Biorhythmen geben, einen körperlichen, einen seelischen und einen geistigen, und innerhalb dieser Rhythmen Höhe- und Tiefpunkte. Man kann sich heute seine Biorhythmen vom Computer ausrechnen lassen, und es gibt auch mehrere Bücher darüber. Ich selbst habe mir die Mühe gemacht, dies für meine Person nachzurechnen, und habe über mehrere Jahre hinweg auf die erwähnte Weise »Buch geführt«. Dabei habe ich feststellen können, daß die Hypothese vom 33-Tage-Rhythmus – jedenfalls in meinem Fall – zutrifft. Da ich jedoch diese Hypothese noch nicht für genügend abgesichert halte, schlage ich vor, daß jeder selbst für sich seine »Biorhythmische Periode« feststellen und überprüfen sollte, damit er in seinen Stimmungsprognosen sichergehen kann. Tatsache ist, daß dieses Verfahren bereits im Aufbau des Trainingsprogramms vieler Sportler in Anwendung kommt und daß auch mancher Künstler sich dessen erfolgreich bedient.

Auch Sie können die Möglichkeit nutzen, die Erfolgschancen einer Arbeit oder eines Vorhabens wesentlich zu verbessern, indem Sie die Ausführung in eine Phase verlegen, in der Sie geistig und körperlich am leistungsfähigsten sind. Dies trifft besonders für Selbständige oder schöpferisch arbeitende Menschen zu. Aber auch bei allen jenen, die in abhängiger Stellung beschäftigt sind, läßt sich bei einigem Nachdenken sicher einiges einrichten. Verlegen Sie also Routinearbeiten vornehmlich in die Tiefs, damit Sie dann während des folgenden Stimmungshochs den Kopf frei haben für Ihre anspruchsvolleren Aufgaben.

Läßt es sich gar nicht vermeiden, eine schwierige Arbeit aufzuschieben, lassen Sie sich nicht durch den Gesamtkomplex dieser Aufgabe einschüchtern. Gliedern Sie Ihre Arbeit gedanklich und faktisch in kleine Einzelschritte auf und hangeln Sie sich von einem zum anderen durch. Während eines Leistungstiefs läßt sich ein kleiner Schritt leichter tun als ein großer Sprung.

Haben Sie Geduld mit sich selbst!

Sie wissen ja nun, warum Ihnen Ihre Arbeit in dieser Zeit nicht so schnell von der Hand geht. Und Sie wissen auch, daß diese Phase vorübergeht.

30 Sei nett zu dir selbst

Unser Ego braucht eine gewisse Anzahl von Streicheleinheiten, um in einer freundlichen Stimmung bleiben, eine gestellte Aufgabe mit Eifer lösen und dem Leben im allgemeinen das Beste abgewinnen zu können. Diese Streicheleinheiten sind besonders wichtig und notwendig, wenn wir einen inneren Tiefpunkt erreicht haben, wie im vorigen Kapitel besprochen wurde. Wenn niemand anders es tut – ein verständnisvoller Partner etwa oder ein einfühlsamer Freund –, dann streicheln Sie selbst Ihre wunde Seele.

▷ Verwöhnen Sie sich ruhig ein bißchen!

▷ Kaufen Sie sich etwas Hübsches!

▷ Unternehmen Sie einen Spaziergang, zu dem Sie nie Zeit zu haben glaubten (körperliche Bewegung verjagt die Grillen)!

▷ Nehmen Sie ein ausgedehntes, mit allen Wohlgerüchen Arabiens parfümiertes Bad – Bäder wirken Wunder bei kleinen Seelen-Wehwehchen.

▷ Und denken Sie dabei an niemanden als ganz allein nur an sich selbst. Mit Selbstsucht oder Egoismus hat das nicht einmal entfernt etwas zu tun. Sie kommen sich doch auch nicht egoistisch vor, wenn Sie Ihre Kreuzschmerzen durch Massagen und Ihren Rheumatismus durch Bestrahlungen kurieren, nicht wahr?

**Wer nett zu sich selbst ist,
dem fällt es auch leichter, nett zu anderen zu sein!**

Manchmal hilft es auch, sich in ein Stückchen »heile Welt« zurückzuziehen, wenn wir einmal das Gefühl haben, daß alles und jedes gegen uns sei. Versenken Sie sich getrost in einen Liebesroman à la Courths-Mahler, wo Sie schon am Anfang die beruhigende Gewißheit haben, daß schließlich doch die Liebe alles überwindet. Oder schmökern Sie in einem Krimi, in dem letztlich das Gute siegt. Ein solches Verhalten ist durchaus keine Weltflucht oder gar eine Verdrängung unserer eigenen Probleme, sondern ein recht probates Mittel, sich durch Spannung zu entspannen und einen nervösen Gefühlsstau, der sich in uns aufgebaut hat, relativ schmerzlos abklingen zu lassen.

Hilft aber alles nichts mehr und fühlen Sie sich wie ein zerzauster Trauerschwan, dann ist es das beste, nicht weiter gegen diesen Zustand anzurennen, sondern ganz bewußt eine »Krise« zu forcieren, damit Sie der oft grundlosen, eben deshalb aber um so deprimierenderen Mißmutigkeit so bald wie möglich entkommen.

▷ Versuchen Sie es also mit recht melancholischer, möglichst sentimentaler Musik.

▷ Lesen Sie ein rührseliges, so richtig zu Herzen gehendes Buch.

▷ Oder schauen Sie sich einen tieftraurigen Film an.

▷ Halten Sie auf alle Fälle ein großes Taschentuch bereit, damit Sie gerüstet sind, wenn eines der genannten Mittel seine Wirkung zeigt und Ihnen die Tränen in die Augen treibt.

Dieser Rat ist übrigens nicht nur für Frauen gedacht. Auch Männern tut es mitunter sehr gut, sich ein bißchen auszuheulen. Die Zeiten, wo es hieß, »daß ein Mann nicht weint«, sind längst vorbei. Wem nach Tränen zumute ist, der möge sie denn auch in ausgiebiger Menge vergießen. Das spült eine Menge lästiger Staubablagerungen nicht nur aus den Augen, sondern auch aus den geheimsten Seelenwinkeln.

31 Mensch ärgere dich

Jeden Tag einen Fluch erhöht das Glück und die Lebensdauer,

sagen die weisen Chinesen. Haben Sie selbst nicht auch schon oft festgestellt, daß ein Kraftwort regelrechte Ventilfunktion haben kann? Fressen Sie also Ihren Ärger nicht in sich hinein. Die seelischen Verdauungsbeschwerden, die Sie sich dadurch zuziehen können, sind wesentlich lästiger und beschwerlicher – und auch schwieriger zu kurieren – als eine körperliche Verstopfung. Da ist es schon besser, rechtzeitig Dampf abzulassen, ehe Sie überkochen oder gar vor Ärger platzen.

Es gibt eine Menge von Möglichkeiten, sich abzureagieren. Eine davon – nämlich die Verwendung von Kraftworten – wurde oben genannt. Ich kenne Menschen, die ihre Wut beim Holzhacken sogar noch nutzbringend anwenden und sich hinterher »wie neu« fühlen. Andere hängen sich einen Punchingball in die Wohnung, den sie so lange bearbeiten, bis der aufgestaute Ärger zu einem Nichts zusammengeschrumpft ist. Noch andere rennen in den Stadtwald oder an einen anderen Ort, wo sie möglichst unbeobachtet sind, und schreien aus Leibeskräften.

Eine sehr gute Möglichkeit, sich abzureagieren, bietet auch das Spiel, womit allerdings nicht Karten- oder andere Gesellschaftsspiele gemeint sind. Dabei würden Sie sich – wenn Sie ein schlechter Verlierer sind – nur noch mehr ärgern. Ich denke hier an Rollenspiele, die unter Erwachsenen leider kaum üblich, von Kindern dagegen in großer Perfektion und Differenzierung beherrscht werden und ein ideales Mittel zum Abbau von Aggressionen sind. Die Psychologie hat den hohen therapeutischen Wert solcher Spiele längst erkannt und wendet sie erfolgreich in der Gruppentherapie an.

Aber Sie können solche Spiele auch alleine spielen. Wenn Sie sich über Ihren Chef oder über einen Kollegen geärgert haben, stellen Sie sich, wenn Sie alleine sind, einmal recht bildlich vor, daß er vor Ihnen sitze. Dann sagen Sie ihm gründlich Ihre Meinung! Das befreit nicht nur, sondern auf diese Art und Weise erkennt man oft auch eigene Fehler, durch die man das unfreundliche und scheinbar ungerechtfertigte Verhalten des anderen erst hervorgerufen hat.

Eine andere recht wirksame Möglichkeit, aufgestauten Ärger abzureagieren, ist es, Briefe zu schreiben – an den Verkehrspolizisten, der Ihnen einen Strafzettel hinter den Scheibenwischer gesteckt hat, an die patzige Verkäuferin im Warenhaus, an den Nachbarn, dessen Hund wieder einmal sein Markenzeichen mitten auf Ihrem Rasen hinterlassen hat. Nehmen Sie beim Schreiben kein Blatt vor den Mund. Wettern Sie nach Herzenslust und aus Leibeskräften über alles, was Ihnen nicht paßt. Nur eines dürfen Sie unter keinen Umständen tun: diese Briefe abschicken. Sie haben sich Ihren Ärger von der Seele geschrieben und fühlen sich nun befreit und erleichtert. Die Briefe haben damit ihren Zweck erfüllt und dürfen nun getrost in den Papierkorb geworfen werden. Oder vielleicht heben Sie sie auch bis zum nächsten Tag auf, um sie dann noch einmal zu lesen. Sie werden sich dann sicher oft darüber wundern, wie Sie sich über eine solche Lappalie eigentlich aufregen oder ärgern konnten. Auch das trägt dazu bei, die Vorkommnisse des Alltags mit mehr Abstand und Gelassenheit zu betrachten.

Wenn Sie Ihren Ärger gar nicht anders loswerden können, ist es auch kein Beinbruch, wenn Sie einmal – bildlich oder auch wörtlich – mit der Faust auf den Tisch hauen. Aber Sie sollten sich auf jeden Fall hinterher – vor allem auch Kindern gegenüber – für dieses Verhalten entschuldigen. Ein lauter Mensch ist meistens auch ungerecht in dem, was er sagt. Das wollen Sie doch sicher vermeiden. Kein vernünftiger Mensch wird es Ihnen verübeln, wenn Sie einmal aus der Haut fahren, denn danach ist wohl jedem Menschen dann und wann zumute. Aber machen Sie, sobald Sie sich wieder beruhigt haben, deutlich, daß Sie mit Ihrem Ausbruch niemanden verletzen wollten, sondern nur eine Spannung abbauen mußten, mit der Sie auf »ruhige« Art und Weise nicht mehr fertig werden konnten.

32 Glücksfaktor Gesundheit

Was eine gute Gesundheit für unser Lebensglück zu bedeuten hat, weiß eigentlich nur der richtig zu schätzen, der sie nicht besitzt. Wir sollten deshalb mit dem wichtigen Glücksfaktor Gesundheit nicht allzu leichtfertig umgehen.

Es sind oft nur Gedankenlosigkeit und Bequemlichkeit, die uns anfällig machen für Krankheiten.

In den letzten Jahrzehnten haben wir uns zu einer regelrechten »Sitzgesellschaft« entwickelt. Daß dies dem Menschen, der ja von Natur aus als motorisches Wesen angelegt ist, nicht sehr bekömmlich sein kann, liegt auf der Hand. Verdauungsstörungen, Schlaflosigkeit, nervöse Beschwerden sind die Folge davon.

Wenn Sie sich schon nicht zur Ausübung eines Sports oder zu regelmäßiger Gymnastik aufraffen können, so nutzen Sie doch wenigstens die vielen kleinen Möglichkeiten, die sich im Laufe des Tages für ein bißchen Bewegung anbieten.

▷ Lassen Sie den Fahrstuhl einmal ohne Sie davonfahren, und benutzen Sie die Treppe.

▷ Oder steigen Sie ab und zu mal eine Haltestelle eher aus der Straßenbahn, und gehen Sie ein Stück zu Fuß.

▷ Auch eine halbwegs ausgewogene Ernährung mit ausreichend Ballaststoffen und Vitaminen kann oft schon wahre Wunder wirken.

▷ Greifen Sie vor allen Dingen nicht gleich zu Tabletten und Arzneien, wenn Sie Verdauungsprobleme haben oder nicht einschlafen können. Meistens lassen sich diese Beschwerden durch natürliche Mittel ebenso wirksam und vollkommen unschädlich beheben.

»Die beste Krankheit taugt nichts«, pflegt meine Mutter zu sagen. Und es wird wohl keinen Kranken geben, der nicht auch dieser Meinung ist. Ein kranker Mensch ist in den meisten Fällen auch ungeduldig – was ja nur zu verständlich ist. Aber Ungeduld ist hier, wie überall sonst, genauso schädlich wie Resignation. Vom eigenen Wollen hängen oft zu einem sehr großen Teil Verlauf und Fortschritt der Genesung ab.

Geduld ist auf jeden Fall leichter zu ertragen als Ungeduld.

Versuchen Sie, wenn Sie krank sind, das Beste aus Ihrer erzwungenen Ruhe zu machen! Sie haben ja nun endlich einmal viel Zeit zum Nachdenken und auch zum Pläneschmieden. Nutzen Sie diese Gelegenheit, sich wieder einmal so richtig Klarheit zu verschaffen über sich selbst und über Ihr Leben!

Befinden Sie sich seelisch und körperlich schon wieder einigermaßen wohl, dann haben Sie jetzt die Chance, ein paar von den Dingen in die Tat umzusetzen, die Sie schon immer gern tun wollten und wozu Ihnen sonst die Zeit fehlte. Holen Sie versäumte Lektüre nach. Schreiben Sie die immer wieder aufgeschobenen Briefe. Hören Sie sich in aller Ruhe ein Radio- oder Schallplattenkonzert an. Lernen Sie eine Fremdsprache. Schreiben Sie Gedichte oder einen Roman. Das alles ist nicht nur gut gegen Langeweile, es ist auch sehr befriedigend und hilft, die erzwungene Muße sinnvoll auszufüllen.

Ich kenne Menschen, die in ihrer Krankheit oder ihrem Gebrechen nichts weiter sehen als ein Problem, das – wie alle Probleme – lösbar ist, wenn man nur den richtigen Ansatz findet. Da ist der passionierte Reiter, der – nach einem Unfall erblindet – alle Zähigkeit und Erfindungsgabe daran setzte, dennoch im Sattel zu bleiben. Da ist der Gärtner, der – ebenfalls erblindet – umschulte und heute ein gesuchter Masseur ist. Da ist der an beiden Beinen Amputierte, der sich einen Spaß daraus macht, seinen Begleitern beim Spaziergang mit seinem Rollstuhl förmlich »davonzurennen«. Noch viele könnte ich aufzählen, die ihr hartes Los mit bewunderungswürdiger Kraft und Zähigkeit gemeistert haben.

Man muß an seinem Schicksal nicht unbedingt zerbrechen – man kann auch daran wachsen.

33 Die Dinge um uns

Es sind nicht nur Herkunft und Erziehung, Umstände und Menschen, die uns prägen und unser Dasein günstig oder ungünstig beeinflussen.

Auch die Dinge, mit denen wir uns umgeben, können einen positiven oder negativen Einfluß auf uns und unser Leben ausüben.

Selbst wenn Sie auf Äußerlichkeiten keinen großen Wert legen, werden Sie doch schon festgestellt haben, daß eine trostlose Umgebung Sie deprimiert, während eine angenehme Umgebung Ihr Wohlbefinden erhöht. Warum wollen Sie also nicht auch die Möglichkeiten ausschöpfen, die sich Ihnen auf diesem Gebiet eröffnen? Die Harmonie der Dinge um uns beeinflußt auch unsere innere Harmonie.

Umgeben Sie sich also möglichst mit Gegenständen, die dieses Gefühl der Harmonie in Ihnen hervorrufen. Über Geschmack läßt sich bekanntlich nicht streiten. Zwar gibt es einige feste Prinzipien, nach denen man Form und Farbe von Möbelstücken, Teppichen und Tapeten auswählen kann, um dem ästhetischen Empfinden Genüge zu tun. Es gibt sogar eine richtige »Farb-Psychologie«, die sich mit der Wirkung der verschiedenen Farben auf die Leistungsfähigkeit und den Gemütszustand des Menschen befaßt. Aber das alles soll uns hier nicht bekümmern. Wichtig ist in diesem Zusammenhang allein, daß möglichst jeder Gegenstand in Ihrem Zimmer oder Ihrer Wohnung Ihnen Freude macht – sei es durch seine Gestaltung oder auch durch Erinnerungen, die Sie mit ihm verbinden.

Sehen Sie sich einmal ganz bewußt in Ihrer Behausung um, betrachten Sie jeden Stuhl, jede Decke, jeden Aschenbecher. Gibt es da nicht manchen Gegenstand, der Ihnen ein ständiges Ärgernis ist? Nun – dann machen Sie endlich die Absicht wahr, die Sie schon lange hegen, und befreien Sie sich endgültig von diesen Dingen. Sie werden sehen: weniger ist oft wirklich mehr. Das gilt auch, wenn Sie etwas Neues anschaffen wollen. Begnügen Sie sich nicht mit Sachen, die Ihren Vorstellungen nicht gänzlich entsprechen. Verzichten Sie lieber auf das eine oder andere Stück, denn eine rechte Freude würden Sie daran doch nicht haben – eher ein weiteres Ärgernis.

Schöne Dinge sollten für den täglichen Gebrauch bestimmt sein, denn gerade im Alltag, der uns oft genug Unschönes beschert, ist der Umgang mit ihnen viel wichtiger als an Feiertagen. Der bewußte Umgang mit schönen Dingen setzt nicht nur dem Alltag erfreuliche Glanzlichter auf – auf die niemand verzichten sollte –, er prägt den Menschen auch. Wenn Sie zum Beispiel ein Service besitzen, das Ihnen besonders gut gefällt, lassen Sie es nicht hinter Glas einen Dornröschenschlaf halten, bis sich einmal eine besondere festliche Gelegenheit ergibt. Sie versagen sich damit eine Freude, die Sie täglich haben könnten. Von schönen Dingen kann man sich – im Gegensatz zu vielen anderen Genüssen – nie übersättigt fühlen. Betrachten Sie auch einmal alle Ihre Einrichtungsgegenstände auf ihren »Gebrauchswert« hin. Es gibt Dinge, die eindeutig nur zum Anschauen da sind – Bilder, Skulpturen oder Porzellanfigürchen. Und es gibt Dinge, die eine ganz bestimmte Funktion erfüllen sollen. »Ein Stuhl ist eine Maschine zum Sitzen«, definierte der berühmte Architekt Gropius einmal. Damit meinte er, daß ein Stuhl den Zweck hat, einen bequemen und körpergerechten Sitz zu haben. Daß er darüber hinaus auch noch formschön sein sollte, liegt auf der Hand. Er darf sogar verziert und verschnörkelt sein, wenn Sie das mögen. Aber er muß bei alledem in erster Linie »eine Maschine zum Sitzen«, er muß benutzbar bleiben. Im Zweifelsfalle ist ein bequemer Stuhl immer besser als ein »schöner Stuhl«, auf dem man aber leider nicht oder nicht bequem sitzen kann. Wer sich nach diesem Prinzip einrichtet, wird sich in seiner »erweiterten Haut« – nämlich in seiner Behausung – auch wohl fühlen und Freude an den ihn umgebenden Dingen haben. Die berühmt-berüchtigte »kalte Pracht« nie benutzter – und in dem hier definierten Sinne auch gar nicht benutzbarer – Wohnzimmer sollte also schleunigst und unbedingt einer Umgebung weichen, die Ihren ganz persönlichen Bedürfnissen entspricht.

Die Frage, was denn nun eigentlich »schön« ist, läßt sich in unserem Zusammenhang leicht beantworten:

Schön ist, was Ihnen gefällt.

Jeder Mensch bildet sich seinen ureigenen Stil. Es ist nur natürlich, daß dieser auch von Modeströmungen beeinflußt wird. Aber man sollte aus der Fülle des Angebotenen nur das auswählen, was zur eigenen Persönlichkeit paßt. Ein Mensch, der jede Mode mitmacht, nur weil sie gerade »in« ist, ist auf dem besten – oder schlimmsten – Wege, seine persönliche Eigenart zu verlieren. Wer sich aber nur nach Maßstäben ausrichtet, die von außen an ihn herangetragen werden, verzichtet auf die Möglichkeit, selbst über sich und sein Leben zu bestimmen. Selbstbestimmung beginnt bei so scheinbar nebensächlichen Dingen wie Möbelstücken, Geschirr und Kleidung. In Harmonie mit der Umwelt zu leben bedeutet auch, in Harmonie mit den Dingen um uns zu leben.

34 In Harmonie mit sich selbst

Die wenigsten Probleme im menschlichen Leben entstehen tatsächlich durch andere Menschen, durch ungünstige Umstände oder Mißgeschicke. Meistens sind wir selbst es, die diese Probleme erst schaffen.

Wo man keine Schwierigkeiten sieht,
gibt es meistens auch keine.

Es ist zwar sicherlich kein Fehler, vorauszudenken und -zuplanen. Aber wir sollten uns davor hüten, bei allem, was vor uns liegt, gleich immer das Schlimmste anzunehmen und die Maus zum Elefanten zu machen. Lassen Sie doch die Dinge ruhig erst einmal an sich herankommen, und setzen Sie auch ein bißchen Vertrauen in sich selbst. Sie werden dann schon damit fertig werden. Es ist eine Binsenwahrheit, daß nichts so heiß gegessen wie gekocht wird. Bei näherem Hinsehen stellt sich ohnehin meistens heraus, daß die Lage längst nicht so hoffnungslos oder problematisch ist, wie man sie sich in seiner Einbildung ausgemalt hat.

Ein gemäßigter Optimismus, wie er ja ohnehin aus einer echten Philosophie des Lebens entspringt, gehört zur Diätetik der Seele. Wer mit der Welt nicht zufrieden ist, wird es auch mit sich selbst nicht sein; und wer es mit sich selbst nicht ist – wird er sich nicht in Unmut aufzehren? wird er die innere Gesundheit bewahren können?

Ernst von Feuchtersleben

Wir können nun einmal weder aus unserer Haut noch aus unserer Welt. Aber wir können uns einrichten, uns arrangieren. Sowohl die eigene Haut als auch die Welt, in der wir leben, bieten eine unendliche Fülle von Möglichkeiten, die es auszuschöpfen gilt.

**Wir sind, wie wir sind und wo wir sind –
machen wir also das Beste daraus.**

Klagen und Grübeln ändern nichts – wohl aber bejahende Tatkraft und das Wissen, daß man sich der Vollkommenheit in jeder Hinsicht zwar immer weiter nähern, sie aber niemals erreichen kann.

Friedrich Schlegel schreibt dazu: »Nur wer einig ist mit der Welt, kann einig sein mit sich selbst.« Dieses Wort stimmt auch, wenn man es umkehrt:

**Nur, wer mit sich selbst in Harmonie lebt,
kann auch mit der Welt in Harmonie leben.**

In Harmonie leben mit sich selbst bedeutet, das eigene Ich zu akzeptieren, mit sich selbst auf gutem Fuß zu stehen. Das schließt natürlich nicht aus, daß man an sich arbeitet. Aber man sollte auch sich selbst gegenüber wesentlich mehr Ruhe und Gelassenheit zeigen, sich nicht dauernd zu etwas zwingen wollen. Wenn Sie keine Geduld mit sich haben – wer sollte es dann?

Die menschliche Seele wird von vielen unterschiedlichen Strömungen beherrscht. Aber es sind gerade diese scheinbaren Widersprüche, die den eigentlichen Menschen – den Menschen als Ganzes – ausmachen. Wie oft fühlt man sich hin- und hergerissen zwischen zwei Gefühlen, die einander auszuschließen, nicht nebeneinander existieren zu können scheinen! So kann man einen Menschen im Grunde noch so sehr lieben – manchmal kann einem selbst ein solcher Mensch auf die Nerven gehen, ja sogar Haßgefühle hervorrufen. Oder eine Frau kann eine noch so gute Mutter sein – manchmal wird sie ihre Kinder dorthin wünschen, wo der Pfeffer wächst. Wir wagen uns solche Gefühle oft gar nicht einzugestehen oder machen uns sogar Vorwürfe wegen unserer »Lieblosigkeit«. Dazu besteht aber gar kein Grund, denn solche zeitweiligen Abneigungen sind durchaus natürlich und menschlich – schließlich sind weder wir selbst noch die von uns geliebten Menschen Engel! –, sie müssen auch nicht verdrängt werden. An Ihrer Liebe und Zuneigung zu den anderen ändert sich ja dadurch im Grunde nichts. Der Mensch ist nun einmal nicht in der Lage, ständig auf der Höhe eines einzigen Gefühls zu leben.

Wenn Sie auch Ihre »negativen« Regungen als zu Ihnen gehörig akzeptieren, gewinnen Sie dadurch ein freieres, ungezwungeneres Verhältnis nicht nur zu sich selbst, sondern auch zu anderen Menschen. Versuchen Sie jedoch, solche Regungen gewaltsam zu unterdrücken, entstehen emotionale Spannungen. Ein Mensch, der unter Spannung steht, kann aber weder mit sich selbst noch mit seiner Umwelt in Harmonie leben. »Das Leben ist ein Gewebe«, meint Peter Hille. »Nimm etwas weg, und es ist kein Halt mehr; es ribbelt sich auf bis zum Ende.« So wie ein Gewebe aus Kette und Schuß besteht, besteht das Seelenleben eines Menschen aus »positiven« und »negativen« Regungen. Beide sind notwendig, damit sich ein harmonisches und haltbares Ganzes ergibt.

35 Positiver Egoismus

Der Begriff Egoismus wird als Selbstsucht, Ichsucht oder Eigennutz interpretiert. Diese Eigenschaften werden im herrschenden Sprachgebrauch moralisch abwertend verwendet. Wenn es sich um einen Egoismus auf Kosten anderer, also um eine Übersteigerung des natürlichen Selbsterhaltungstriebs handelt, ist das sicherlich richtig. Aber oft neigt der Mensch aus falsch verstandener Hilfs- und Opferbereitschaft geradezu zur Selbstzerstörung – dann mangelt es ihm an einem gesunden, durchaus positiven Egoismus. Ein Mensch, der sich für andere aufreibt und dessen eigene Bedürfnisse dabei zu kurz kommen, kann weder selbst glücklich sein noch andere wirklich beglücken. Sein Opfer wird ständig ein stummer Vorwurf an die anderen sein – und hat damit den Zweck verfehlt, ja sich ins Gegenteil verkehrt.

Selbst der an die menschlichen Qualitäten sehr hohe Ansprüche stellende christliche Glaube verlangt weder absolute Selbstentäußerung noch Selbstverleugnung. Er gebietet, unseren Nächsten wie uns selbst zu lieben, durchaus nicht mehr als uns selbst. Es gibt zwar in zwischenmenschlichen Beziehungen auch durchaus Situationen, wo man für das Glück eines anderen selbst zurücksteckt. Aber:

Wer ständig seine eigenen Bedürfnisse verleugnet, nagt an der eigenen Kraft.

Ohne eigene Kraft kann man aber nichts mehr geben. Man kann einem anderen weder helfen noch ihn beglücken. Ein Bergsteiger wird sich nicht aus lauter Hilfsbereitschaft selbst in Gefahr begeben, um einen in Not geratenen Kameraden zu retten. Er wird zunächst einmal sich selbst absichern, sonst gefährdet er nicht nur sich, sondern das ganze Rettungsunternehmen – womit niemandem geholfen wäre.

Wohl jeder von uns erlebt dann und wann Situationen, in denen mehrere Interessen aufeinanderprallen. Das führt mitunter zu Konflikten, in denen man – ganz gleich wie man sich verhält – immer nur etwas Falsches tun kann. Manchmal muß man dabei auch die Gefühle der anderen verletzen – nicht willentlich, sondern weil man gar nicht anders handeln kann. Natürlich ist so etwas für beide Seiten unerquicklich. Wenn Sie in einer solchen Lage sind und wirklich aus Notwendigkeit gehandelt haben, machen Sie sich nicht auch noch Vorwürfe über Ihre Handlungsweise. Das hilft weder denen, die Sie gekränkt haben, noch Ihnen selbst – im Gegenteil: Sie verbrauchen auf diese Weise innere Energien, ohne damit etwas Konstruktives zu erreichen.

Seien Sie stets bereit zum Umlernen und Umdenken – kein Mensch ist so vollkommen, daß er nicht ab und an seine Anschauungen revidieren müßte.

Aber handeln Sie nie gegen Ihre Überzeugung!

Es kommt selten etwas Gutes dabei heraus, wenn Sie wider besseres Wissen – oder noch schlimmer: gegen Ihr Gewissen – handeln. Auch das ist positiver Egoismus: sich seine eigene Stärke zu bewahren, indem man sich nicht mit einer Handlungsweise belastet, die man vor sich selbst weder vertreten noch verantworten kann.

36 Edel sei der Mensch ...

Dieses Buch beschäftigte sich bisher fast ausschließlich mit unserem eigenen Ich. Das hat seinen guten Grund: denn nur wer mit sich selbst im reinen ist, wer sich über die Motive seiner eigenen Handlungsweise im klaren ist, wird auch zu den anderen Menschen für beide Seiten fruchtbare Beziehungen anknüpfen und pflegen können. So ist im Grunde jedes einzelne Kapitel nicht nur ein Wegweiser zum eigenen Glück, sondern wirkt sich auch positiv auf die zwischenmenschlichen Beziehungen aus.

Auch im Umgang mit unseren Mitmenschen sollten – genauso wie im Umgang mit uns selbst – unsere moralischen Ziele nicht zu hoch gesteckt sein. Die Gefahr liegt sonst nahe, daß wir den hohen ethischen Anforderungen, die wir an uns selber stellen, nicht genügen können und deshalb von uns selbst enttäuscht sind.

Ein von sich selbst enttäuschter Mensch wird aber meistens auch eine Enttäuschung für seine Umwelt sein.

Wenn Goethe in seinem bekannten Gedicht die Forderung aufstellt: »Edel sei der Mensch, hilfreich und gut«, so hätte er ebenso fordern können, daß der Mensch vollkommen sei. Vollkommenheit zu erreichen ist dem Menschen nun einmal nicht gegeben.

Eine »edle« Handlungsweise hat ihren Ursprung meistens in durchaus eigennützigen Beweggründen – und sei es nur im Gedanken an die Befriedigung, die uns eine gute

Tat gewährt. Wenn wir jemandem helfen, ist auch diese Hilfe ausnahmslos nicht ohne Eigennutz – auch wenn dieser Eigennutz nur darin besteht, daß wir die Leiden des anderen nicht mehr mit ansehen können.

Oft geschieht es auch, daß eine aus dem besten Willen heraus entsprungene Handlungsweise negative Folgen hat.

Wenn jeder Mensch sich mit dem begnügen würde, was er moralisch tatsächlich zu erreichen imstande ist, wäre die Menschheit insgesamt glücklicher daran. Es würde dann nämlich eine ganze Menge mehr Gutes getan statt nur angestrebt. Zudem machen die Menschen, eben weil sie Menschen und keine Engel sind, es ihren Artgenossen nicht immer leicht, einen hohen sittlichen Standard zu bewahren. »Man will ja gerne seinen Nächsten lieben, aber doch nicht den Nächstbesten!« ironisiert Karl Heinrich Waggerl diese Tatsache.

Damit ein Mensch wirklich edel, hilfreich und gut sein könnte, müßten auch seine Mitmenschen diese Qualitäten besitzen. Das wäre ein wahrhaft paradiesischer Zustand, von dem wir jedoch weit entfernt sind. Bleiben wir also bescheiden auf der Erde, und bemühen wir uns, wenigstens einigermaßen anständig, umgänglich und entgegenkommend zu sein. Das ist der beste Weg, dem Goetheschen Ideal ein wenig näherzukommen.

37 Wir und die anderen

Die meisten Enttäuschungen erlebt ein Mensch im Umgang mit anderen Menschen. Es ist nun einmal so, daß kein Mensch vollkommen ist. Deshalb darf man auch nichts Vollkommenes von ihm erwarten und muß immer – bei sich selbst und bei den anderen – mit der menschlichen Schwäche rechnen. Nur allzuoft setzen wir Erwartungen in einen Menschen, ohne danach zu fragen, ob dieser auch bereit oder überhaupt fähig ist, ihnen zu entsprechen.

Wir werden nicht betrogen,
wir betrügen uns selbst,

sagt Goethe. Das gilt auch für den Umgang mit unseren Mitmenschen. Ebenfalls von Goethe stammt das kluge Wort, daß man die Menschen nur mit dem Krämergewicht, aber keinesfalls mit der Goldwaage wiegen sollte, »wie es leider sogar oft Freunde untereinander aus hypochondrischer Grille und seltsamer Anforderung zu tun pflegen«.

▷ Lernen wir also, den anderen als das zu sehen, was er ist, und nicht als das, was er unserer Vorstellung nach sein sollte.

▷ Lernen wir also auch und gerade, seine Schwächen zu akzeptieren. Erwarten wir nicht von den anderen auch, daß sie unsere eigenen Schwächen akzeptieren? Wir können unsere Mitmenschen nun einmal nicht nach unseren Vorstellungen formen.

Wenn andere Menschen uns kränken, verletzen oder beleidigen, so geschieht dies selten aus purer Bosheit – dazu sind die Menschen ohnehin viel zu sehr mit ihren eigenen Problemen beschäftigt. Der Theologe Ehrenberg schrieb zu diesem Thema: »Erfahrungen an mir selbst sollten mich doch gelehrt haben, wie der Mensch dahin kommt, zu fehlen, wie bald er gefehlt hat, und wie wohl es dann tut, Nachsicht und Vergebung zu finden. Bei weitem die meisten Beleidigungen, über die wir uns beschweren, sind Irrtümer des Verstandes oder des Herzens, augenblickliche Übereilungen, die indes dem, der sich ihrer schuldig weiß, oft ebenso großen Kummer verursachen, wie wenn sie in bösen Gesinnungen ihren Ursprung hätten.«

Über nichts wird vorschneller geurteilt als über den Charakter eines Menschen, und dabei sollte man doch gerade hierbei besonders vorsichtig und behutsam sein. Wir sind oft sehr schnell bei der Hand, einen Menschen, der uns auf den ersten Blick unsympathisch erscheint, abzuqualifizieren. Wie Jean Paul sagt, sind »unter den Menschen und den Borsdorfer Äpfeln nicht die glattesten immer die besten, sondern die rauhen mit einigen Warzen“. Geben wir also den anderen eine Chance und berauben wir uns nicht selbst so vieler beglückender Momente, die auch in einer noch so flüchtigen menschlichen Begegnung liegen können.

Von Lichtenberg stammt der kluge Satz, daß sich

**… der Charakter eines Menschen
durch nichts so sicher erkennen läßt
wie aus einem Scherz, den er übelnimmt.**

Dabei wären wir bei der einzigen Kategorie von Mitmenschen, denen wirklich nicht zu helfen ist: den Humorlosen. Zu ihnen gehören jene, die immer im Recht sind und es immer wieder fertigbringen, ihr Gegenüber ins Unrecht zu setzen. Sie machen sich und vor allen Dingen ihrer Umwelt das Leben unnötig schwer, indem sie alles – und vor allem sich selbst – todernst nehmen und es durchaus nicht fertigbringen, auch nur ein einziges Mal über sich selbst zu lachen. Der Umgang mit solchen Menschen erfordert mehr Geduld und Selbstverleugnung, als ein normaler Mensch aufzubringen imstande ist, selbst wenn er noch so gutwillig ist. Trotzdem kann man es solchen Menschen nie recht machen, sie nie zufriedenstellen. Humorlosigkeit ist ein Übel, gegen das kein Kraut gewachsen ist.

Im allgemeinen aber ist es längst nicht so schwer, mit seinen Mitmenschen auszukommen, wie man selbst oft befürchtet. Die Menschen sind zum größten Teil weder so gut noch so schlecht, wie sie zu sein scheinen oder uns glauben machen wollen. Im Grunde sind wir Menschen uns alle recht ähnlich – eine Art Serienmodell, das sich eigentlich nur in seinen Mängeln unterscheidet.

38 Währt ehrlich am längsten?

Im ersten Moment neigen wir sicher alle dazu, diese Frage uneingeschränkt zu bejahen. Aufrichtigkeit und Wahrheitsliebe sind schließlich moralische Grundsätze, an die wir alle glauben. Doch bei genauerem Hinsehen sind wir versucht, das uneingeschränkte »Ja« mit einem kleinen »Aber« abzuschwächen: »Aber« manchmal ist eine kleine Lüge verzeihlich; »aber« in der Politik, in der Wirtschaft, im Geschäftsleben wird die Wahrheit häufig verdreht und so weiter.

Das Thema »Wie hältst du's mit der Ehrlichkeit?« scheint mir ziemlich heikel zu sein. Einerseits haben wir zwar alle unsere Grundsätze – aber andererseits sind wir keine Engel. Ganz bestimmt ist jeder, selbst der Aufrichtigste, schon mehr oder weniger von dem abgewichen, was wir Wahrheit nennen – sei es durch Übertreibung, Verschweigen oder auch durch eine glatte Lüge. Meistens geschieht dies ohne jede Böswilligkeit, oft sogar unbewußt. Häufig sucht man durch eine kleine Lüge sich und seinen Mitmenschen Unannehmlichkeiten zu ersparen; oder die Höflichkeit – damit ist hier nicht starre Etikette, sondern Herzenstakt gemeint – verbietet es einfach, aufrichtig zu sein. Es ist ja wirklich nicht unbedingt nötig, einer Frau, die gerade mit strahlenden Augen vom Friseur kommt, zu sagen, daß ihr die neue Haartracht überhaupt nicht steht. Man muß auch nicht unbedingt einen Menschen, der stolzgeschwellt einen selbstgefertigten Gegenstand vorzeigt, dadurch entmutigen, daß man ihm die Unvollkommenheit desselben wahrheitsgetreu vor Augen führt.

Taktvolle Lügen sind weder ein Vertrauensbruch noch unmoralisch.

Wahrheitsfanatiker um jeden Preis können mehr Schaden anrichten, als sie sich in ihrer Selbstgefälligkeit vorstellen. Kontrollieren Sie sich selbst nur einen Tag lang ganz genau bei allem, was Sie sagen, und Sie werden verstehen, was ich meine.

Wichtiger als absolute Wahrheitsliebe ist ein bißchen Menschlichkeit.

Natürlich gilt das eben Gesagte nicht ausnahmslos für alle Lebenslagen. Häufig ist es so, daß Ehrlichkeit – selbst wenn man fürchtet, sich dadurch Unannehmlichkeiten einzuhandeln – die beste Politik ist.

Einmal deshalb, weil es sich im nachhinein oft herausstellt, daß Aufrichtigkeit wesentlich bequemer gewesen wäre. Aber auch, weil Ehrlichkeit – besonders wenn sie unerwartet kommt – sehr entwaffnend sein kann. Ein offen eingestandener Fehler, ein bekanntes Vergehen werden schneller verziehen als verschwiegene Nichtigkeiten.

Wie immer Sie es mit der Wahrheit halten mögen: Sich selbst gegenüber müssen Sie ehrlich sein. Eine Unwahrheit wird nicht dadurch zur Wahrheit, daß Sie schließlich selbst daran glauben.

Zu sich selbst sollten Sie weder höflich noch rücksichtsvoll sein, wenn es um die Wahrheit geht.

Das ist sicher mitunter recht schmerzlich, aber es ist ein Weg, auf dem Sie sehr schnell zu einer Fähigkeit gelangen, die uns im Umgang mit uns selbst und mit anderen wohl die wichtigste ist: die Selbsterkenntnis. »Erkenne dich selbst« stand über dem Eingang zum Delphischen Orakel. Hätten die alten Griechen diesen Satz beherzigt – sie hätten kein Orakel gebraucht, sondern die Antwort auf ihre Fragen in sich selbst gefunden.

Für alle Fälle möchte ich Ihnen raten: Haben Sie nie ein schlechtes Gewissen! Dieser Rat mag ketzerisch klingen, vor allem aber läßt er sich nur sehr unvollkommen in die Tat umsetzen, weil das, was wir Gewissen nennen, so tief in unserem Unterbewußtsein verankert ist, daß wir es kaum zu beeinflussen vermögen.

Ein schlechtes Gewissen aber ist destruktiv.

Es verursacht uns seelische, manchmal sogar körperliche Beschwerden und raubt uns die innere Harmonie, die Vorbedingung ist für ein glückliches Leben. Außerdem neigen Menschen, die ein schlechtes Gewissen haben, dazu, dieses dadurch zu kompensieren, daß sie diejenigen, denen sie Unrecht getan haben, nun ihrerseits ins Unrecht zu setzen versuchen.

Entweder Sie handeln von vornherein so, daß Ihr Gewissen Sie hinterher nicht zwickt – was oft leichter gesagt als getan ist –, oder es ist ohnehin zu spät. Dann ändert auch ein noch so schlechtes Gewissen nichts mehr, sondern nur noch der gute Vorsatz, den Fehler wiedergutzumachen. Diesen Vorsatz sollten Sie dann auch so bald wie möglich in die Tat umsetzen – schon damit Sie sich wieder eines ungetrübten Seelenfriedens erfreuen können!

39 Guter Rat muß nicht teuer sein

Von dem, der Rat verlangt, ist's Beschränktheit; von dem, der ihn gibt, Anmaßung«, heißt es bei Goethe. Daran ist sicher viel Wahres, denn wir Menschen sind, wenn es um die Lösung unserer eigenen Probleme geht, mitunter tatsächlich ein wenig beschränkt. Aber so ist es nun einmal:

Es ist leichter, anderen einen Rat zu geben, als sich selbst zu helfen.

Das ist eigentlich ganz natürlich, denn als Außenstehender kann man die Probleme des anderen oft objektiver und leidenschaftsloser beurteilen als dieser. Bei eigenen Problemen sieht man häufig den Wald vor lauter Bäumen nicht mehr, weil man vielfach von einem Wust von Emotionen belastet ist, die den Blick ziemlich trüben können.

Sicher ist es nicht richtig, mit jedem kleinen Seelenwehwehchen Nachbarn, Freunde und Verwandte zu belästigen. Aber wenn man mit einer Schwierigkeit tatsächlich nicht allein fertig wird, sollte man sich weder durch falsche Scham noch durch unangebrachten Stolz daran hindern lassen, sich nach Hilfe von außen umzusehen. Es ist nur menschlich und durchaus keine Schande zuzugeben, daß man ein Problem nicht allein lösen kann. Alle Probleme sind irgendwie lösbar, nur sieht man selbst dies oft nicht.

Manchmal reicht es schon, sich einfach auszusprechen. Das erleichtert und hilft, Abstand zu gewinnen. Zu Dingen, die man ausspricht, gewinnt man oft eine ganz andere Einstellung, als wenn man sich nur in Gedanken mit ihnen abquält.

Formulierung ist immer schon ein Stückchen Bewältigung.

Wenn gerade niemand zur Hand ist, dem Sie Vertrauen schenken möchten oder können, versuchen Sie es einmal damit, Ihre Sorgen einfach aufzuschreiben. Ein Stück Papier kann Ihnen zwar keinen Rat geben, aber oft gelingt es, dadurch ein wenig von seinen Problemen abzurücken, einen besseren Überblick zu bekommen.

Aber wenn Sie Gelegenheit haben, mit anderen Menschen Ihre Probleme zu besprechen, sollten Sie dies tun. Die moderne Psychologie setzt heute mit Erfolg die Gruppentherapie ein, wo Menschen in Gespräch und Aktion einander helfen, ihre Probleme zu verstehen und zu bewältigen. Auch die Erfolge der Anonymen Alkoholiker beruhen auf diesem Prinzip. Ebenso verhält es sich mit Eheberatungsstellen und Telefonseelsorge.

Jeder Mensch hat das Bedürfnis, sich mitzuteilen. Dieses Bedürfnis ist besonders groß, wenn man sich sehr glücklich oder sehr unglücklich fühlt. Das Gespräch wirkt dann als Ventil. Deshalb sollten Sie dieses Bedürfnis auch nicht gewaltsam unterdrücken, weil Sie vielleicht fürchten, sich vor Ihren Mitmenschen eine Blöße zu geben. Gute Ratschläge sind etwas, womit die meisten Menschen sehr großzügig sind. Für Sie selbst kann ein solcher Ratschlag unter Umständen die Lösung Ihres Problems bedeuten, und Sie verhelfen Ihrem Gesprächspartner obendrein zu der schönen Gewißheit, eine gute Tat getan zu haben.

»Auch der innere Mensch hat Stellen, an denen er sich nicht selbst kratzen kann«, meint Karl Heinrich Waggerl. Wenn Ihnen Ihre Mitmenschen schon nicht mit einem guten Rat helfen können, weil sie selbst keinen wissen, so werden die meisten von ihnen doch gerne Ihren »inneren Menschen« wenigstens mit ihrem Mitgefühl ein wenig kraulen. Das ist auch schon ein Stückchen Hilfe.

40 Geben und nehmen

Das Leben in Gemeinschaft mit anderen Menschen bringt es mit sich, daß zwischen ihnen und uns ein ständiger Austausch von Dingen und Leistungen stattfindet. Solange wir diese Dinge und Leistungen auf die eine oder andere Art bezahlen können – entweder mit Geld oder mit einem anderen Gegenwert –, nehmen wir sie als selbstverständlich hin. Sobald aber diese Möglichkeit nicht besteht, fühlen wir uns unbehaglich. Wir glauben dann, in der Schuld eines anderen zu stehen – und wer bleibt schon gerne jemandem etwas schuldig? Wir fühlen uns verpflichtet, diese »Schuld« so bald wie möglich durch eine entsprechende Gegenleistung abzugelten.

»Eine feine Seele bedrückt es, sich *jemanden* zum Dank verpflichtet zu wissen; eine grobe, sich *jemandem*«, schreibt Friedrich Nietzsche. Dabei sind es meistens gerade die Menschen, die sich etwas auf die feine Seele zugute tun, die hier am wenigsten Feingefühl beweisen. Natürlich ist Geben leichter als Nehmen. Richard Schaukal merkt dazu ganz richtig an:

Geben kann man lernen, nehmen muß man können.

Es ist weder etwas Peinliches noch etwas Unanständiges dabei, ein Geschenk anzunehmen – ganz gleich, ob es sich dabei um eine Sache oder um eine Gefälligkeit handelt. Warum fällt es uns dann eigentlich so schwer, es ohne Vorbehalte zu akzeptieren? Vielleicht, weil wir uns freikaufen wollen von der Pflicht der Dankbarkeit, die wir als ein Art Demutsgebärde ansehen. Wir wollen alles uns selbst zu verdanken haben – dabei werden die schönsten Dinge des Lebens wie Liebe, Zuneigung, Freundschaft uns geschenkt; wir haben sie nicht etwa »verdient«.

Wenn wir ein Geschenk oder eine Gefälligkeit annehmen, sollen wir dies ohne Bedenken tun. Der Schenkende selbst gibt ja nicht ohne Eigennutz, will er sich doch zumindest an unserer Freude freuen. Uns zu freuen ist die einzige »Verpflichtung«, die mit der Annahme eines Geschenkes verbunden ist. Ein Geschenk kann dann – so paradox es klingt – sowohl der Gebende als auch der Nehmende auf der »Haben«-Seite seines Lebenskontos verbuchen. Vergällen Sie also weder sich noch den anderen – ganz ohne Notwendigkeit – eine solche Freude. Sinnen Sie auch nicht gleich auf eine Gegenleistung.

Ein Geschenk wird durch ein Gegengeschenk entwertet.

Auch als Nehmender kann man großzügig sein – indem man nicht kleinlich zu »bezahlen« sucht, was im Grunde unbezahlbar ist.

41 Spielregeln für Streitende

Konflikte lassen sich mitunter nicht umgehen. Sie sind notwendig, um Klarheit zu schaffen zwischen zwei oder mehreren Menschen, und sie sind ebenso notwendig für die Entwicklung des menschlichen Charakters. Hürdenläufer haben – bedingt durch ihren Sport – kräftige Beine.

Wer die Hürden menschlichen Zusammenlebens erfolgreich bewältigt, kräftigt seine eigene Persönlichkeit.

Da Konflikte nicht gelöst werden können, indem man sie beiseite schiebt oder so tut, als wären sie gar nicht vorhanden, muß es zwangsläufig zu Aussprachen und manchmal zu einem Streit kommen.

Es ist sicher richtig, daß man bei aufkommenden Spannungen im menschlichen Zusammenleben den Fehler erst einmal bei sich selbst suchen soll. Manche Menschen allerdings kultivieren diesen an sich positiven Charakterzug so weit, daß er zu einer wahren Selbstzerfleischung führt. Sie fühlen sich immer und an allem schuldig oder geben dies zumindest vor. Aber es ist nun einmal niemand an allem schuld.

Ebensowenig wie man immer nur den anderen die Schuld geben darf, darf man auch nicht dauernd bei sich selbst nach Fehlern suchen.

Das eine ist so unfruchtbar wie das andere und gibt dem Streitpartner kaum eine Chance, seinen Standpunkt zu vertreten oder auch nur zu erläutern. Streitpartner – nicht Gegner – nenne ich Ihr Gegenüber bei einer Meinungsverschiedenheit mit vollem Bedacht, denn auch im heftigsten Streit sollen Sie in ihm immer den Partner sehen, mit dem Sie auch künftig zusammen sind und sich nach Möglichkeit doch arrangieren wollen.

Auch Streiten will gelernt sein. Es gibt zwar eine Menge Bücher, in denen man nachlesen kann, wie man es anstellt, auf jeden Fall das letzte Wort zu behalten. Das mag für eine Podiumsdiskussion in der Politik oder im Geschäftsleben durchaus angebracht und nützlich sein, aber im alltäglichen Umgang mit Menschen bringt uns das nicht viel mehr ein als die dürftige Befriedigung, sagen zu können: »Dem (oder der) habe ich es aber gegeben ...«

Versuchen Sie doch einmal, eine Meinungsverschiedenheit, einen Streit, ein bißchen sportlich zu betrachten. Natürlich wollen Sie gewinnen – aber bitte auf faire Weise. Im folgenden möchte ich Ihnen ein paar Spielregeln nennen, die im »Kampfsport Streit« dazu beitragen sollen, daß Sie sich selbst und Ihren Partner nicht zu arg verletzen.

▷ Kommen Sie Ihrem Partner entgegen! Das ist nicht nur deshalb die bessere Ausgangsposition, weil Sie ihn damit verblüffen. Es ist auch leichter, zu einem für beide Seiten befriedigenderen Ergebnis zu kommen, wenn Sie statt der Widersprüche erst einmal Ihre Gemeinsamkeiten feststellen. Mancher Streit erübrigt sich dann mitunter, weil beide Seiten erkennen, daß sie im Grunde gleicher Meinung sind.

▷ Bleiben Sie beim Thema. Abschweifungen sind unfair. Hüten Sie sich vor pauschalen Aburteilungen, wie »du tust immer ...« und »du hast nie ...«. Dadurch gewinnen Sie nichts, sondern verhärten nur die Fronten.

▷ Nehmen Sie weder sich selbst noch Ihren Partner zu ernst. Bei einem heißen Wortgefecht sagt man vieles, was nicht so gemeint ist – nur um damit eine Wirkung zu erzielen. Ein Streit ist wie ein Gewitter: Es wird zwar eine Menge Lärm geschlagen, aber es schlägt nur selten ein.

▷ Wenn Sie bei einem Streit feststellen, daß Sie unrecht haben, sollten Sie auch den Mut besitzen, dies einzugestehen und ein guter Verlierer zu sein. Dadurch können Sie bei Ihrem Gegenüber oft einen Pluspunkt verbuchen.

▷ Sollten Sie siegreich aus einem Streit hervorgehen, streuen Sie nicht noch Salz in die Wunde des Partners. Helfen Sie ihm, das Gesicht zu wahren!

▷ Streit ist keine Schande. Sie sollten es sich zwar nicht zur Gewohnheit machen, vor anderen zu streiten, aber es ist auch wenig sinnvoll, etwa einem überraschenden Besuch, der mitten in eine Auseinandersetzung hineinplatzt, vormachen zu wollen, daß alles in Ordnung sei. An Ihren zerknitterten Mienen erkennt man meistens doch, daß etwas nicht stimmt. Geben Sie Ihrem Besucher besser eine Tasse Tee und eine Zeitung und ziehen Sie sich mit der Erklärung »Wir haben noch etwas zu besprechen« in ein anderes Zimmer zurück.

▷ Lassen Sie aus einem Streit kein Buschfeuer werden, das sich unkontrolliert ausbreitet. Irgendwann muß auch der schönste Streit zu Ende sein. Verlängern Sie also einen Streit nicht künstlich, nur um das letzte Wort zu behalten. Nutzen Sie die Energien, die Sie dabei verschwenden würden, um auf einen gemeinsamen Nenner zu kommen. Ein annehmbarer Kompromiß hilft beiden Seiten, das Gesicht zu wahren, und macht Ihren Partner allemal geneigter, beim nächsten Mal auf Ihre Vorstellungen einzugehen, als ein K.-o.-Sieg.

▷ Und noch ein Rat: Auf »fliegende Untertassen« sollten Sie verzichten. Nicht, daß diese nicht ein ausgezeichnetes Mittel wären, aufgestaute Aggressionen unverzüglich loszuwerden. Im Augenblick mag ein mit Temperament zerschlagener Teller zwar sehr befreiend wirken, aber es ist arg deprimierend, wenn man hinterher die Scherben aufkehren muß.

42 Aus Schwächen Stärken machen

Minderwertigkeitsgefühle sind etwas, worunter viele Menschen in der einen oder anderen Form zu leiden haben. Dieser Mangel an Selbstbewußtsein äußert sich häufig in übermäßiger Schüchternheit, oft auch als Arroganz. Minderwertigkeitsgefühle sind eine Belastung, die einen Menschen sehr unglücklich machen kann und ihn beim Aufbau zwischenmenschlicher Beziehungen hindert. Sie sollten deshalb mit allen Mitteln bekämpft werden. Einige Hinweise zur Steigerung des Selbstbewußtseins wurden bereits gegeben, weitere folgen in späteren Kapiteln.

Man hält die Menschen gewöhnlich für gefährlicher, als sie sind,

merkt der in diesem Buch des öfteren zitierte Goethe lebensklug an. Da haben wir bereits eine Hauptwurzel des Übels: unsere Fehleinschätzung anderer Menschen.

»Die anderen« sind letztlich auch nur Menschen

und nicht irgendwelche Superwesen. »Die anderen« haben Schwächen und Fehler genauso wie wir selbst. Sehr oft haben »die anderen« auch ebensolche Minderwertigkeitsgefühle! Bedenken Sie dies, so oft Sie sich jemandem unterlegen fühlen. – Es wird Sie ein gutes Stück weiterbringen auf dem Weg zur Stärkung Ihres eigenen Selbstbewußtseins.

Dieser Gedanke sollte Ihnen auch dabei helfen, sich von der Meinung »der Leute« unabhängig zu machen. Es ist nur natürlich, daß jeder Mensch das Bedürfnis und das Bestreben hat, bei seinen Mitmenschen beliebt, angesehen und geschätzt zu sein. Die Befriedigung dieses Bedürfnisses ist also durchaus legitim. Wenn allerdings das Urteil unserer Umwelt die alleinige Richtschnur unseres Verhaltens ist, handeln wir uns nur Unzufriedenheit und Ärger ein. Um das zu vermeiden, ist es das beste, wenn man sich nicht dauernd zu Dingen verpflichtet fühlt, von denen man nicht überzeugt ist. Man läuft dabei zwar Gefahr, mitunter negativ beurteilt zu werden. Man sollte aber wirklich einmal abwägen, was einem wichtiger ist: das Urteil anderer, oft völlig bedeutungsloser Menschen oder die eigene Zufriedenheit. Die Welt wird schon nicht einstürzen, wenn Sie jemanden, den Sie nicht mögen, nicht einladen – nur weil dieser zuvor Sie eingeladen hat. (Es sei denn, dieser Jemand ist aus beruflichen oder anderen Gründen für Sie wichtig. – In einem solchen Fall nimmt man einiges in Kauf.)

Sich nach dem Urteil »der Leute« zu richten, heißt Wasser in ein Sieb füllen. Und auch hier ist es wieder der alte Goethe, der es ironisch und treffsicher auf einen Nenner bringt:

Wenn du dich selber machst zum Knecht,
bedauert dich niemand, geht's dir schlecht.
Machst du dich aber selbst zum Herrn,
die Leute sehen es auch nicht gern.
Und bleibst du endlich, wie du bist,
so sagen sie, daß nichts an dir ist.

Das Leben ist tatsächlich wesentlich einfacher und unkomplizierter, wenn man sich darauf beschränkt, nach seiner eigenen Überzeugung zu handeln.

Aber Minderwertigkeitsgefühle rühren nur zu einem Teil daher, daß wir »die anderen« zu hoch einschätzen. Die zweite Wurzel dieses lästigen, hinderlichen Übels ist, daß wir uns selbst zu niedrig einschätzen.

Lernen Sie, sich selbst zu akzeptieren!

Denn jeder Mensch ist ja etwas Besonderes, Einmaliges, Unwiederholbares – auch Sie. Sagen Sie »ja« zu sich selbst, dann werden auch die anderen »ja« zu Ihnen sagen. Lernen Sie, sich selbst richtig zu beurteilen. Eine zu hohe Meinung von sich selbst zu haben ist immer noch befriedigender, als wenn man eine zu schlechte Meinung von sich hat. Runden Sie also im Zweifelsfall immer nach oben auf statt nach unten ab.

Irgendwelche Schwächen hat jeder Mensch. Aber wenn wir unsere Schwächen erst einmal erkannt haben – und dazu gehört weiter nichts als ein bißchen Ehrlichkeit uns selbst gegenüber -, können sie uns nicht mehr schaden. Es liegt ja ganz bei uns, zielbewußt darauf hinzuarbeiten, uns von ihnen zu befreien. Wir werden in späteren Kapiteln noch detaillierter darauf eingehen, wie man das anstellt. An dieser Stelle soll verraten werden, wie man ganz allgemein und sehr schnell – als Erste Hilfe sozusagen – mit einem kleinen Trick Schwächen in Stärken umwandeln kann.

Vielleicht erinnern Sie sich noch an Ihre Schulzeit, wo Sie im Physikunterricht gelernt haben, daß es negative und positive Pole gibt und daß man das Vorzeichen dieser Pole verändern kann, indem man eine Kraft wirksam werden läßt. Genauso ist es im menschlichen Leben: Man kann Schwächen in Stärken verwandeln, indem man sich als wirkender Kraft des kleinen Wörtchens »aber« bedient. Wenn Sie also sehr schüchtern sind, trösten Sie sich mit dem Gedanken: »Ich mag zwar schüchtern sein, aber eben aus diesem Grund bin ich weder aufdringlich noch unverschämt.« Oder wenn Sie sehr vertrauensselig sind, sagen Sie sich: »Ich falle zwar manchmal auf andere Menschen herein, aber ich bin nicht mißtrauisch und gebe dem anderen erst einmal eine Chance.«

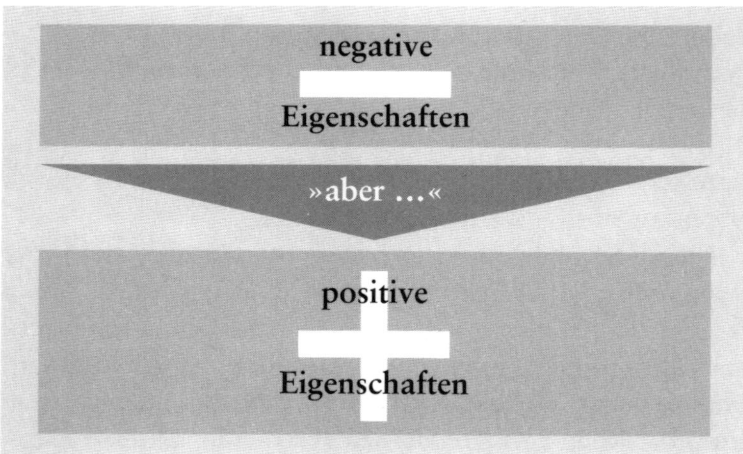

Abb. 5

Diese Einstellung zu sich selbst und zu Ihren Schwächen wird Ihnen helfen, Ihre Minderwertigkeitskomplexe zu bekämpfen und damit einen weiteren Faktor, der Ihr Glück gefährdet, auszuschalten.

43 Dickes Fell und dünne Haut

Der einzige Weg, an seinen Mitmenschen weder zu verzweifeln noch sich allzu schmerzhaft an ihnen zu verletzen, ist, daß man sich für den Umgang mit ihnen gleichzeitig ein dickes Fell und eine dünne Haut zulegt. Man muß dickfellig werden gegen ihre schlechten Seiten (die ja zum größten Teil auf ihren Schwächen beruhen) und dünnhäutig und empfänglich für die guten Regungen in ihnen. Das eine schließt das andere nicht aus, sondern beides bedingt einander. Die beste Art – für Sie und für die anderen –, mit Menschen auszukommen, ist:

**Über Negatives nicht erstaunen,
aber sich über alles Positive freuen.**

Jeder Mensch hat Gründe für sein Handeln. Diese Gründe liegen in *seiner* Person, nicht in unserer. Genauso wenig, wie wir es uns als unser eigenes Verdienst anrechnen dürfen, wenn wir von jemandem geliebt werden, brauchen wir es uns als persönliche Beleidigung anzurechnen, wenn uns jemand verletzt. Das Verhalten anderer Menschen sollte uns immer ein Beispiel dessen sein, wozu wir selbst unter bestimmten Umständen fähig wären. Oft *sind* wir es sogar, ohne es zu merken – genauso wie unsere Mitmenschen es oft gar nicht merken, wenn sie uns verletzt haben. Wilhelm Busch schreibt dazu ironisierend: »An all unserem Ärger sind andere schuld. Das beste Mittel aber, um bei guter Laune zu bleiben, ist die stets richtige Erkenntnis, daß man selber nichts taugt.«

Wer von sich selbst eine hohe Meinung hat, irrt sich meistens gewaltig. Auf die Probe gestellt, würden seine moralischen Qualitäten, auf die er sich so viel zugute hält, schnell zu einem Nichts zusammenschrumpfen. Nur wer sich darüber im klaren ist, daß er selbst auch negative Eigenschaften hat, die bei einer entsprechenden Konstellation der Umstände zum Tragen kommen können, ist in der Lage, die Handlungsweise seiner Mitmenschen nicht als ständige und willentliche Verletzung des eigenen, empfindsamen Ichs zu sehen.

Liegt nicht auch eine große Eitelkeit darin, alles und jedes gleich als einen Angriff auf die eigene Person anzusehen? Schmeicheln wir uns dabei nicht mit einer Wichtigkeit, die die anderen uns gar nicht beimessen? Versuchen Sie nur einmal zu ergründen, warum ein Mensch, der Sie beleidigte oder verletzte, so und nicht anders gehandelt hat. In den seltensten Fällen wird sich herausstellen, daß er tatsächlich Sie treffen wollte. Meistens wird es sein ganz persönliches Problem gewesen sein, das ihm gerade zu schaffen machte und seine Ihnen gegenüber negative Reaktion auslöste. Lassen Sie also solche Pfeile und Nadelstiche gar nicht erst in Ihr Innerstes eindringen, sondern fangen Sie sie mit der Einsicht auf, daß Sie kaum anders und schon gar nicht besser sind.

Eine solche »Dickfelligkeit« erlaubt es Ihnen, andere Menschen vorurteilsfreier zu betrachten. Ein Vorurteil ist immer eine Art Barriere, die Sie zwischen sich und den anderen Menschen aufbauen. Sie wappnen sich damit gegen seine negativen Seiten, geben ihm aber gleichzeitig auch kaum eine Chance, seine positiven Anlagen zu zeigen – weil sie ihm diese gar nicht zutrauen.

Die beste Art, einen Menschen dazu zu veranlassen, gut zu sein, ist voraussetzen, daß er gut ist.

Viele Menschen setzen genau das Gegenteil voraus und wundern sich dann, wenn die anderen sich entsprechend verhalten.

44 Leben und leben lassen

Wenn wir Menschen uns so viel mit unseren eigenen Angelegenheiten beschäftigen würden wie mit denen anderer Leute, wären wir bestimmt weit besser daran. Denn eine Einmischung in die Angelegenheiten unserer Mitmenschen bedeuten ja letztlich schon die Erwartungen, die wir in sie setzen. Und dann nehmen wir es ihnen auch noch übel, daß sie nicht so sind, wie sie unserer Meinung nach eben sein sollten.

Die einzige Eigenschaft aber,
die man von einem Menschen erwarten darf,
ist, daß er sich selbst treu ist.

Fordern wir also von unseren Mitmenschen – bewußt oder unbewußt – nicht das Unmögliche, nämlich, daß sie so sein sollen, wie wir sie gerade gern hätten. Wäre dem tatsächlich so, würde es eine heillose Verwirrung auf der Welt geben. Die anderen sind – genau wie wir selbst – gewiß keine vollkommenen Wesen, aber würden wir sie nach unseren Vorstellungen – und gar noch nach unseren Vorstellungen von Vollkommenheit – gestalten können, würde sicherlich nicht mehr viel Menschliches übrigbleiben. Umgekehrt: wenn Sie sich immer so verhalten wollten, wie die anderen es gerade von Ihnen erwarten, müßten Sie sich eher in Stücke reißen, als daß Sie jemals Sie selbst sein könnten.

Das Wort Friedrichs des Großen, der immerhin ein absoluter Herrscher war, »ein jeder solle nach seiner eigenen Fasson selig werden«, ist heute noch genauso gültig und aktuell wie vor 200 Jahren. Ein kluges Wort – denn man kann einen Menschen weder zu seinem Glück zwingen noch ihn durch Zwang daran hindern, in sein Unglück zu laufen. Jeder Mensch kann nur auf seine eigene Art glücklich und muß auf seine eigene Art unglücklich werden. Er dankt seinen Mitmenschen weder ein ihm aufgezwungenes Glück noch ein durch Zwang von außen für ihn verhindertes Unglück.

Wir Menschen sind immer gern davon überzeugt, daß das, was wir tun, das Richtige ist. Das ist auch gut so, denn nur, wenn wir von der Richtigkeit unserer Handlungsweise überzeugt sind, können wir etwas ganz tun und mit unserer ganzen Persönlichkeit dahinterstehen. Aber »richtig« bedeutet immer nur »richtig für uns selbst«. Jeder Mensch setzt sich nun einmal seine eigenen Maßstäbe, muß sie sich setzen, um ganz er selbst und sich selbst treu zu sein. Es wäre eine überhebliche Anmaßung, dies nicht auch bei anderen zu respektieren – zumal man diese Freiheit für sich selbst durchaus in Anspruch nimmt.

Die Welt geht gewiß nicht unter, wenn ein jeder – solange er nicht Freiheiten und Rechte anderer beeinträchtigt – nach seiner »eigenen Fasson« lebt. Im Gegenteil, sie wird vielfältiger, bunter, interessanter, mit einem Wort: lebenswerter. Toleranz bedeutet ja durchaus nicht, die Augen vor Gefahren und Mißständen zu schließen, die durch die Anschauungen anderer entstehen können. Ebenso wie unsere eigene Freiheit immer nur bis dahin reichen kann, wo die Freiheit der anderen beginnt, reicht auch deren Freiheit nur bis an diese Grenze. Alles, was darüber hinausgeht, bedeutet Unterdrückung – und diese zu dulden ist nicht Toleranz, sondern Mangel an Menschlichkeit. Die Auswirkung falsch verstandener Toleranz formuliert Marie von Ebner-Eschenbach scharfzüngig in folgendem Aphorismus: »Der Gescheitere gibt nach! Ein unsterbliches Wort. Es begründet die Weltherrschaft der Dummheit.« Praktizierte Toleranz bedeutet also nicht Duldung, sondern letztlich Verhinderung von Unrecht – sowohl von dem, das uns, als auch von dem, das anderen – nicht zuletzt durch uns – geschehen könnte.

45 Einsamkeit muß nicht sein

Der Mensch ist ein von Natur aus soziales Wesen, er braucht die Interaktion in der Gruppe, den Gedankenaustausch mit anderen Artgenossen, um nicht geistig und seelisch zu verkümmern. Deshalb leiden wir Menschen auch so sehr, wenn wir uns einsam fühlen. Einsamkeit aber muß nicht sein. Denn sehr häufig tragen wir selbst die Schuld daran.

Es hat nämlich keinen Zweck, darauf zu warten, daß man angesprochen wird – man muß selbst den ersten Schritt tun.

Oft wissen die anderen ja auch gar nicht, daß wir uns einsam fühlen und Kontakt suchen. Oder sie fürchten, uns lästig zu fallen, wenn sie ihrerseits den ersten Schritt tun.

Vielleicht sagen Sie nun: »Das ist ja alles gut und schön, aber ich kenne doch niemanden, den ich ansprechen könnte.« Das glaube ich Ihnen einfach nicht! Es sei denn, Sie leben meilenweit entfernt von jedem anderen Menschen – und selbst da gibt es Mittel und Wege, um Kontakt zu knüpfen und zu pflegen.

Das Problem ist eigentlich ein ganz anderes: Es ist die »Schwellenangst«, die uns immer wieder davor zurückschrecken läßt, auf den anderen zuzugehen, ihn anzusprechen. Alles wäre nicht so schwierig, wenn wir nicht fürchten müßten, eine Abfuhr zu erhalten.

Nun, diese Möglichkeit besteht natürlich.

**Aber auch hier gilt,
daß man nicht aufgeben soll,
wenn man noch gar nicht geschlagen ist.**

Riskieren Sie also ruhig, daß man sich Ihren Annäherungsversuchen gegenüber ablehnend oder abwartend verhält. Das wird aber in den seltensten Fällen vorkommen. Die meisten Menschen sind froh, wenn man sie anspricht. Sie warten förmlich darauf, weil sie oft ihrerseits unter dieser »Schwellenangst« zu leiden haben, die sie daran hindert, den ersten Schritt zu tun.

Wenn man sehr schüchtern und deshalb im Umgang mit Menschen etwas unbeholfen ist, kann man Kontaktfreudigkeit sogar richtig trainieren. Fangen Sie dabei mit ganz einfachen Dingen an: Wechseln Sie ein paar Worte mit dem Verkäufer im Zigarettengeschäft, mit Ihrer Zeitungsfrau oder mit dem Hausmeister. Nehmen Sie sich vor, jeden Tag wenigstens ein kleines Gespräch zu führen. Sie werden erstaunt sein, wieviel Sicherheit Sie dadurch gewinnen, wenn Sie erst einmal einen kleinen Schritt nach vorn getreten sind.

Es ist auch gar nicht so schwierig, mit Menschen ins Gespräch zu kommen. Es gibt – wie beim Schach – regelrechte Eröffnungen, die meistens ziemlich banal sind – Wetter, Grippewelle, Urlaub – , aber schon deshalb besonders vorteilhaft, weil fast ausnahmslos beide Gesprächspartner die gleiche Ansicht darüber haben. Es entsteht also gleich eine freundliche Atmosphäre, die Verkrampfungen gar nicht erst aufkommen läßt.

Es ist eine Tatsache, daß dort, wo viele Menschen dicht gedrängt auf einer relativ kleinen Fläche leben, die Kontaktarmut am größten ist. Ein schlagender Beweis dafür sind die Neubaugebiete mit ihren seelenlosen Wohntürmen. Dort schließt jeder seine Tür hinter sich zu, schließt den anderen aus und wundert sich dann, wenn man ihn allein läßt.

Allerdings ist diese Haltung verständlich. Viele Menschen scheuen sich davor, Freundschaften mit ihren nächsten Nachbarn oder ihren Arbeitskollegen zu schließen. Das hat seinen Grund. Wenn man sich nämlich täglich sieht, hat man sich oft schon sehr bald nichts mehr zu sagen, und Gespräche werden zum Geschwätz. Am Ende geht man sich dann gegenseitig auf die Nerven, was wiederum zu Zwistigkeiten führen kann, die um so unerquicklicher sind, weil man sich nicht aus dem Weg gehen kann. Das muß natürlich nicht immer der Fall sein, es gibt genug Freundschaften zwischen Nachbarn und Arbeitskollegen, die das Gegenteil beweisen.

Auch wenn Sie nun einmal ein wenig Distanz als eine bessere Basis für eine Bekanntschaft oder Freundschaft ansehen – was sicher recht klug ist –, ist das kein Grund, einsam zu bleiben. Suchen Sie sich eben Ihre Freunde woanders!

Gespräche mit Gleichgesinnten lassen sich immer am leichtesten anknüpfen.

Sind Sie sportlich? Dann treten Sie einem Sportverein bei. Oder einer Laienspielgruppe, einer Bürgerinitiative, einem Kanarienfreunde-Club. Oder … oder … Es gibt ungezählte Möglichkeiten. Aber machen Sie nicht den Fehler, sich dort in eine Ecke zu setzen und darauf zu warten, daß man sie anspricht. Dann können Sie nämlich im schlimmsten Fall warten, bis Sie schwarz werden.

**Wagen Sie den ersten Schritt –
und Sie werden sich wundern,
wie viele Bekannte Sie auf einmal haben!**

Haben Sie alles, was bis jetzt aufgezählt wurde, versucht und immer noch keinen Erfolg gehabt, gibt es dafür eigentlich nur eine Erklärung: daß Sie auf irgendeine Weise abstoßend auf Ihre Mitmenschen wirken. Vielleicht weil Sie zuviel reden und die anderen nicht zu Wort kommen lassen. Oder weil Sie herrschsüchtig sind, immer alles besser wissen wollen und keine andere Meinung neben der Ihren dulden. Vielleicht haben Sie auch nur Mundgeruch.

Betrachten Sie sich einmal ganz kritisch, und versuchen Sie, Ihre Fehler festzustellen. Oder fragen Sie einfach, was an Ihnen so wenig schätzenswert ist, daß sich alle von Ihnen zurückziehen. Versuchen Sie dann – vielleicht sogar gemeinsam –, einen Weg zu finden, wie hier Abhilfe geschaffen werden kann.

46 Freunde – gibt's die?

Wer einen guten Freund hat, braucht keinen Spiegel«, sagt ein australisches Sprichwort. Ein Spiegel zeigt uns unser Bild so, wie es ist – und nicht so, wie wir uns gerne einbilden möchten, daß es wäre. Diese Ehrlichkeit kennzeichnet auch das Wesen einer Freundschaft. Denn nicht der Mensch ist unser Freund, der uns sagt, was wir gerne hören möchten, sondern der, der uns sagt, was wir hören müssen. Ein Freund ist also durchaus nicht immer bequem. Eine Freundschaft verlangt mehr von uns als eine bloße Bekanntschaft. Vielleicht ist in dieser Tatsache ein Grund dafür zu sehen, daß viele Menschen zwar eine ganze Menge Bekannte, aber nur wenige oder gar keine Freunde haben.

**Wer Freunde haben will,
muß auch bereit sein, Freund zu sein.**

Mit der Freundschaft ist es ähnlich wie mit der Ehe: Sie ist weniger ein Zustand als eine Aufgabe, an der man ständig arbeiten muß. Das ist gewiß ein hoher Einsatz, den zu leisten nicht jeder willens oder imstande ist. Ein solcher Mensch zweifelt dann auch leicht daran, daß es Freundschaft überhaupt gibt, denn er schließt – bewußt oder unbewußt – von sich selbst auf andere.

Aber Freundschaft gibt es wirklich, genauso wie es Liebe gibt. Das eine widerfährt uns so unverdient wie das andere. Nicht eine Freundschaft zu finden ist das schwerste, sondern diese dann auch zu erhalten. Wer dies versteht, gewinnt damit etwas sehr Kostbares: einen Menschen, auf dessen Zuverlässigkeit, Ehrlichkeit und Zuneigung er auch in den schwierigsten Lebenslagen zählen kann. »Der längste Weg wird kurz mit einem Freund an deiner Seite«, definiert ein Sprichwort einen wesentlichen Zug der Freundschaft. Das gegenseitige Vertrauen, das notwendigerweise zu einer solchen Beziehung gehört, ist eine Stütze, die wohl jeder Mensch zu schätzen weiß.

Wie man Freunde findet? Geben wir dazu dem Freiherrn von Knigge das Wort, der dazu – zwar ein wenig altmodisch in der Diktion, aber im Inhalt auch heute noch gültig – folgendes zu sagen hat: »Werbe nicht ängstlich um Freunde: mache nicht Jagd auf jeden guten Menschen, daß er dir besonders zugetan werden soll. Jede Art von Anhänglichkeit, wäre sie auch noch so gut gemeint, pflegt in dieser Welt Verdacht zu erwecken; und wer in der Stille auf dem Pfade fortwandelt, den Redlichkeit und Klugheit bezeichnen, und dabei ein wohlwollendes, zur Mitteilung gestimmtes Herz in seinem Busen trägt, der bleibt nicht unbemerkt, nicht unaufgesucht; er findet planlos ein paar Edle, die ihm die Hand zum brüderlichen Bunde reichen.«

47 Das Glück zu zweit

Nur die wenigsten Menschen sind für ein Eremitendasein geschaffen und finden ihr Glück in der Einsamkeit. Für die meisten von uns ist das persönliche Glück zu einem sehr großen Teil abhängig von anderen Menschen und der wechselseitigen Beziehung zwischen uns und ihnen. Das meiste, was in den vorhergegangenen und noch folgenden Kapiteln zu diesem Thema gesagt wird, ist anwendbar auf alle Kategorien menschlichen Zusammenlebens. Manche sozialen Gemeinschaften stellen uns jedoch in besondere Konfliktsituationen, und dies um so mehr, je enger eine Gemeinschaft ist. Mit dieser Problematik will ich mich nun ausführlich beschäftigen.

Die intimste und beglückendste Beziehung, die aber auch den meisten emotionalen Zündstoff enthält, ist die Partnerschaft zwischen Mann und Frau. Denn je enger die Verbindung zwischen zwei Menschen ist, desto mehr Freiraum benötigen beide Partner.

Großzügigkeit und Toleranz erst schaffen das Klima, in dem eine für beide Teile beglückende Partnerschaft gedeihen kann.

Dazu ein paar Grundsätze:

▷ Es ist nicht nur zwecklos, sondern für eine Beziehung auch überaus schädlich, den Partner nach irgendwelchen Idealvorstellungen, die Sie vielleicht insgeheim hegen, erziehen zu wollen. Statt zu einer größeren Übereinstimmung zu gelangen, drängen Sie den anderen dadurch immer weiter von sich fort. Ermöglichen Sie statt dessen ihm und sich die bestmögliche Entfaltung nach den ihm und Ihnen eigenen Möglichkeiten.

▷ Vergessen Sie nie, daß der Partner kein Besitz ist, über den Sie einfach verfügen können.

▷ Verlangen Sie nicht, daß Ihr Partner sich Ihren Meinungen und Anschauungen anpaßt. Sie wollen sich doch über lange Jahre etwas zu sagen haben, nicht wahr?

Anstatt mit jemandem zu reden,
der ständig Ihrer Meinung ist,
könnten Sie ebensogut Selbstgespräche führen.

▷ Akzeptieren Sie den anderen als das, was er nun einmal ist. Sie verlangen von der Katze doch auch nicht, daß sie wiehert! Jeder Mensch hat von Natur aus ein gewisses Spektrum an Empfindungs- und Ausdrucksmöglichkeiten mitbekommen. Er kann dazulernen und auf diese Weise seine Möglichkeiten erweitern. Dabei dürfen und sollen Sie ihm natürlich helfen.

Können zwei Menschen überhaupt völlig miteinander übereinstimmen?

Manchmal ja.
Meistens nicht.
Immer nie.

Das sollten Sie bedenken, wenn Ihr Partner bei einer Sache, die Ihnen sehr am Herzen liegt, anderer Meinung ist als Sie. Sicher liebt er Sie deshalb nicht weniger, sondern macht sich nur seine eigenen Gedanken. Er ist nämlich eine Persönlichkeit für sich – genauso wie Sie. Eben deshalb wird eins plus eins auch immer zwei ergeben – auch in der intimsten Beziehung.

»Eifersucht ist so alt wie die Menschheit; als Adam einmal spät heimkam, fing Eva an, seine Rippen zu zählen«, lautet ein flämisches Sprichwort. Diese »Leidenschaft, die mit Eifer sucht, was Leiden schafft«, wie Schleiermacher es so treffend formulierte, hat schon so viel Unheil gestiftet, daß sie mit allen Mitteln bekämpft werden sollte. Ein eifersüchtiger Mensch fügt sich selbst den größten Schaden zu, denn er leidet unter seiner Eifersucht meistens weit mehr als sein Partner.

Ich habe schon oft sagen hören, daß ein bißchen Eifersucht zu jeder Liebe gehöre. Aber ich halte dies für eine sehr leichtfertige Behauptung. Was bleibt denn noch übrig von einer Partnerschaft, wenn das gegenseitige Vertrauen fehlt? Ich gebe eher dem großen Marquis La Rochefoucauld recht, der einmal gesagt hat:

In der Eifersucht liegt mehr Eigenliebe als Liebe.

Das Wichtigste bei einer Partnerschaft ist, wie ich meine, daß man sich weder voneinander entfernt noch nur nebeneinander herlebt. Immer sollte man versuchen, aufeinander zuzuleben, um so zu einem für beide Seiten gleichermaßen beglückenden Miteinander zu gelangen.

48 Ein kleiner Unterschied wird immer bleiben

Viele Vorurteile, die Männer gegenüber Frauen und Frauen gegenüber Männern haben, aber auch die Vorurteile, die beide Geschlechter gegenüber sich selbst hegen, werden sicherlich eines Tages verschwinden. Aber bis dahin ist es noch ein weiter Weg. Wir müssen deshalb versuchen, so gut wie möglich mit diesen Vorstellungen, die oft noch zu tief in uns verwurzelt sind, fertig zu werden. Die Zwänge, die sich über Jahrhunderte hinweg aufgebaut haben, werden nicht an einem einzigen Tag vom Tisch gefegt werden können.

Die Emanzipationsbestrebungen unserer Zeit stellen beide Geschlechter vor neue Aufgaben, verunsichern sie gleichermaßen. Mann und Frau müssen beide erst in ihre Rollen als gleichwertige Partner hineinwachsen. Auch hier müssen wir versuchen, nicht gegeneinander, sondern miteinander an der Lösung dieses Problems zu arbeiten. Um es ganz grob zu verallgemeinern: Den Frauen eröffnen sich neue Dimensionen und Möglichkeiten, die sicherlich mitunter sehr hart erkämpft und auch behauptet werden müssen, während die Männer sich immer mehr angestammter Privilegien beraubt zu sehen glauben.

Nur wenn beide in sich und im anderen in erster Linie das Gemeinsame sehen – nämlich, daß beide ja Menschen sind, mit einer Menge gemeinsamer Probleme –, kann verhindert werden, daß das Verhältnis sich umkehrt, was ebenso fatal wäre wie der althergebrachte Zustand. Wenn beide Partner den Problemkomplex in dieser Weise betrachten, bietet sich ihnen hier eine große Chance.

Denn Emanzipation bedeutet ja nicht nur Befreiung der Frau, sondern auch des Mannes.

Während die Frau dadurch die Möglichkeit erhalten soll, freier, unabhängiger und selbständiger zu werden, eben alle Bereiche der bisher noch fast ausschließlich von Männern beherrschten Domänen auch für sich in Anspruch zu nehmen, wird gleichzeitig dem Mann auch endlich Gelegenheit gegeben, sich der Zwänge zu entledigen, in die ihn ein langer historischer Prozeß gebracht hat. Daß die Verantwortung für den Lebensunterhalt der Familie nun nicht mehr ausschließlich auf seinen Schultern ruht, ist dabei eigentlich noch der unwesentlichste, vordergründigste Erfolg. Viel wichtiger ist, daß ihm nun eine beträchtlich erweiterte Bandbreite an Entfaltungsmöglichkeiten zur Verfügung steht. Er muß nun nicht länger derjenige sein, der stark, aktiv und unerschütterlich – eben »männlich« – allen Stürmen des Lebens die – gar nicht immer so breite – Brust darbietet. Er darf endlich zugeben, daß auch er sich mitunter schwach, verzagt und ängstlich fühlt.

Eine Frau ist einfach eine Frau. Aber ein Mann ist nicht nur ein Mann – er muß es sich selbst und anderen auch immer wieder beweisen. So war es jedenfalls bisher. Und das war sicherlich mitunter recht hart und zermürbend. Sich gegenseitig behilflich zu sein, um beiden Seiten die denkbar besten Entfaltungsmöglichkeiten aller Anlagen und Begabungen zu erlauben, ist für die Frau wie für den Mann der einzige Weg, um zu einem neuen und tieferen Verständnis zu gelangen.

**Emanzipation soll nicht einem Partner zugunsten
des anderen etwas nehmen –
sie soll beiden Seiten etwas geben:
nämlich einen Zugewinn
an Erfahrungs- und
Selbstverwirklichungsmöglichkeiten.**

49 Generationsprobleme

»Als ich 17 war, verstand mich mein Vater überhaupt nicht; als ich 27 war, hatte er eine Menge dazugelernt.« Dieser Satz, der eine gehörige Portion Selbstironie enthält, stammt von Mark Twain und charakterisiert sehr treffend das Verhältnis zwischen jung und alt, das Generationsproblem. Natürlich ist dieser Satz nicht wörtlich zu verstehen, denn sicher ist es meistens nicht nur der Vater, der dazugelernt hat, sondern auch der Sohn, der erwachsener geworden ist.

Jedes Verhältnis zwischen Eltern und Kindern, selbst wenn es noch so innig ist, erfährt eines Tages eine mehr oder weniger ernste Trübung. Der junge Mensch ist dem Zustand des Kindseins entwachsen, hat den gesicherten, klar abgegrenzten Bereich verlassen, in dem die Eltern trotz mancher Meinungsverschiedenheiten immer noch die letzte Instanz waren, und steht nun an der Schwelle zum Erwachsenendasein. Wohlgemerkt: erst an der Schwelle, die zu übertreten mit einer Menge schmerzlicher Erfahrungen verbunden ist. Dies ist ein natürlicher und zur Entstehung einer Persönlichkeit notwendiger Prozeß, den man Jugendlichen weder ersparen kann noch auch vorenthalten darf. Einem kleinen Kind kann man nicht erklären, was »heiß« ist, bevor es sich nicht die Hand verbrannt hat. Für beide Teile – Eltern wie Kinder – ist dies mit einem Schmerz verbunden, aber erst durch die Erfahrung kann ein Kind begreifen lernen, was mit dem Wort »heiß« gemeint ist. Dadurch erst kann es eine wichtige Erkenntnis für später speichern.

Genauso geht es dem Heranwachsenden, der sich plötzlich den Problemen des Erwachsenendaseins gegenüber sieht, ohne die dafür notwendigen Erfahrungen mitzubringen. Auch er muß sich erst »die Finger verbrennen«, um die neuen Gegebenheiten, die nun sein Leben bestimmen, begreifen zu können. Der Rat der Eltern, dieses oder jenes besser zu unterlassen, ist genauso in den Wind gesprochen wie einem Kleinkind gegenüber die Warnung, es solle den Ofen nicht anfassen.

Aber noch viel mehr als unter ihren eigenen Fehlern und den damit verbundenen schmerzlichen Erfahrungen haben junge Menschen unter der Weisheit der Älteren zu leiden.

Es ist schon deprimierend für einen Jugendlichen, der sich gerade seiner eigenen Kraft, seiner Fähigkeiten und Möglichkeiten bewußt wird, wenn ihm von seinen Eltern ständig gesagt wird: »Glaube uns, es ist besser, wenn du dieses oder jenes anders machst, schließlich haben wir Lebenserfahrung und wissen, daß es so am besten ist.« Ja, haben denn die Eltern, die hier auf ihre Lebenserfahrung pochen, diese nicht auch erst erwerben müssen – ebenso wie ihre Kinder nun im Begriff sind, es zu tun?

Der Fehler der meisten Eltern ist es, daß sie es mit ihren Kindern zu gut meinen.

Sie wollen ihnen bittere Erfahrungen ersparen, ihre Kinder sollen es einmal »besser haben«. Aber dieses »Besser haben« ist immer nur das, was die Eltern darunter verstehen. Die Heranwachsenden haben meistens eine ganz andere, oft entgegengesetzte Vorstellung davon.

Während Eltern wollen,
daß ihre Kinder es besser haben,
wollen die Heranwachsenden
es besser machen als die Erwachsenen.

So wird das Verhältnis zwischen Eltern und Kindern, das in dieser Zeit des Überganges ohnehin nicht ganz einfach ist, noch mehr belastet.

Während der Pubertät hat ein junger Mensch allein mit sich selbst schon genug Probleme. Er muß damit zurechtkommen, daß sein Körper sich in Formen und Funktionen verändert. Auch seine Gefühlsstruktur ist nicht dieselbe geblieben. »Himmelhoch jauchzend – zu Tode betrübt«: zwischen diesen Extremen wechseln seine Gefühle, oft von einer Minute zur anderen. Die Eltern sehen erstaunt, mitunter fassungslos, daß ihr Kind, das sie in seinen tiefsten Regungen genau zu kennen glaubten, plötzlich zu einem ihnen ganz fremden Wesen geworden ist. Das ist ganz sicher schmerzlich, aber die Eltern haben wenigstens die Möglichkeit, sich daran zu erinnern, daß sie selbst ja einmal genau das gleiche durchgemacht haben. Dem Jugendlichen aber, dem dieser Zustand eine neue Erfahrung ist, erscheint er endgültig. Er fühlt sich zutiefst unverstanden, allein gelassen in einem Chaos von Gefühlen und Spannungen, von denen er nicht weiß, daß sie sich eines Tages ganz von selbst beruhigen und glätten werden.

Aber alle diese Erfahrungen sind notwendig im Prozeß der Loslösung vom Elternhaus. Diese Loslösung ist nun einmal unumgänglich. Nur wer selbständig ist und gelernt hat, ohne Hilfe mit sich und seinem Leben fertig zu werden, hat später die Möglichkeit, auch in größten

Schwierigkeiten den Kopf oben zu behalten. Eltern ersparen sich selbst und ihren Kindern viel Kummer, wenn sie von vornherein ihr Kind als eigenständige Persönlichkeit betrachten und es zum selbständigen Denken und Handeln erziehen.

Das, was Heranwachsende noch am meisten mit ihrem derzeitigen komplizierten Zustand versöhnt, sind die Hoffnungen, die sie in bezug auf ihre Zukunft hegen. Unter keinen Umständen sollte man diese belächeln, als Kindereien abtun oder die Unmöglichkeit ihrer Verwirklichung nachweisen wollen. Ihre Grenzen erfährt die Jugend schon früh genug.

Aber ein junger Mensch ohne Hoffnung
ist wie ein Vogel mit gebrochenen Flügeln.

Ein trauriger Anblick, nicht wahr?

Alle Eltern, die mitunter an ihren heranwachsenden Kindern verzweifeln möchten, sei an dieser Stelle tröstend gesagt:

Jugend mag vielleicht ein Fehler sein –
aber er bessert sich mit jedem Tag.

50 Jungsein ist keine Frage des Alters

In der Jugend ist Jungsein leicht;
schwerer und schöner, wenn's Haar sich bleicht,

heißt ein alter Spruch, den ich für sehr weise halte. Der Abschnitt unseres Lebens, den wir als Jugend bezeichnen, ist oft so belastet von Problemen und Unruhe, daß wir ihn – recht betrachtet – kaum gebührend genießen können. Lächeln Sie nicht heute amüsiert und abgeklärt über vieles, was Ihnen früher eine Menge Kopf- und Herzweh verursacht hat?

In den Frühlingsstürmen und in der Sommerglut Ihres Lebens haben Sie Erkenntnisse gesammelt, die es nun auszuwerten und zu nutzen gilt. Der ältere Mensch hat den Vorteil, daß ihm seine Erfahrungen den Blick fürs Wesentliche geschärft haben. So sollte es zumindest sein. Denn wie man frühzeitig damit beginnt, einen Teil seines Einkommens für seine spätere Rente oder Pension abzuzweigen, genauso muß man auch rechtzeitig damit beginnen, Erfahrungen für später aufzubauen.

Vernachlässigen Sie neben Ihrer Arbeit also auch nicht Ihre anderen Interessen, denen Sie sich später, wenn Sie nicht mehr im Streß des Berufslebens stehen, mit desto mehr Hingabe widmen können. Denn eine bloße Beschäftigungstherapie, wie sie alten Menschen in vielen Heimen angeboten wird, kann nie ein vollwertiger Lebensinhalt, sondern bloßer Zeitvertreib sein. Jetzt, wo Sie Muße haben, können Sie sich endlich mit den Dingen beschäftigen, die Ihnen Freude machen. Statt einen Zweck zu verfolgen, haben Sie nun die Möglichkeit, sinnvoll zu leben. Das ist etwas, worum Sie viele jüngere Menschen von Herzen beneiden werden.

Oder beginnen Sie etwas ganz Neues! Lernen Sie eine Fremdsprache, befassen Sie sich mit der Züchtung einer neuen Rosensorte oder schreiben Sie einen Roman. Es ist für Menschen jeden Alters ein Abenteuer, Neues zu lernen, es sich anzueignen und zu beherrschen. Vor allem hält es elastisch, also jung. Lassen Sie sich bloß nicht durch den stupiden, gedankenarmen Satz »Was hast du denn in deinem Alter noch davon, wenn du eine Fremdsprache lernst« davon abhalten. Sie müssen diese Dinge nicht tun, weil Sie – wie bei jüngeren Menschen – für Ihr weiteres *Fortkommen wichtig* sind. Sie *können* sie tun, ganz einfach, weil sie Ihnen *Freude* machen

Von Jean Paul stammt der Satz, daß das Alter nicht deshalb trübe sei, weil die Freuden, sondern weil die Hoffnungen aufhören. Ich möchte dieses Wort nicht unwidersprochen lassen. Hoffnungen sind immer auf die Zukunft gerichtet, in der sie sich erfüllen – oder auch nicht. Dabei versäumt man vieles, was die Gegenwart an Schönem bietet und das oft jenes übertrifft, was wir uns vom Morgen erhoffen.

Der ältere Mensch dagegen hat die Chance, weitgehend in der Gegenwart zu leben, sich an den Dingen zu freuen, die das Heute ihm gewährt und die von den Jüngeren achtlos übersehen werden, weil sie mit zu vielen anderen Dingen beschäftigt sind.

Die Erfahrung eines reifen Menschen, gepaart mit einem jugendlichen Herzen ist – wenn man's recht betrachtet – ein fast vollkommener Zustand. Zerstören Sie diese Harmonie nicht, indem Sie sich auflehnen gegen ein Naturgesetz, das auch Sie nicht ändern können: den natürlichen Alterungsprozeß. Halten Sie es mit dem Sprichwort unserer lebensklugen französischen Nachbarn:

Bei 40 beginnt das Altsein der Jungen,
bei 50 das Jungsein der Alten.

51 Alter und Jugend – Jugend und Alter

In einem Buch über Säuglings- und Kinderpflege las ich kürzlich folgenden denkwürdigen Satz: »Das Wichtigste, was ein Kind braucht, ist nicht die Mutter, sondern – die *Großmutter.*« Sicherlich kann Elternliebe durch nichts ersetzt werden, *aber selbst die größte Liebe zum eigenen Kind reicht häufig nicht aus, um dessen Bedürfnisse zu befriedigen.* Gerade junge Eltern, die zudem beide berufstätig sind, haben kaum die Zeit und auch nicht die Kraft, sich ihrem Kind über Fürsorge, Erziehung und ein Minimum an Streicheleinheiten hinaus zu widmen. Nur sehr selten werden sie ganz selbstvergessen mit ihm spielen, ihm vorlesen oder erzählen können, ohne daß andere Pflichten im Hintergrund warten, die ebenfalls Anspruch auf ihre Zeit erheben.

Zeit aber ist etwas, zu dem Kinder ein völlig anderes Verhältnis haben als ihre Eltern. Darin sind Kinder und alte Menschen sich recht ähnlich. Während die Elterngeneration ständig von dem Gedanken beherrscht wird, was noch alles getan und »erledigt« werden muß, und deshalb häufig nervös und ungeduldig reagiert, haben Kinder und alte Menschen mehr *Sinn für das Wesentliche: nämlich den gegenwärtigen Augenblick.*

Kinder haben noch kein Zeitgefühl, wie es später der Erwachsene hat. Für sie zählt das, was ist, und nicht das, was kommen wird. Je jünger ein Kind ist, desto weniger kann es sich unter dem Begriff »Zukunft« vorstellen. Durch die Erfahrung eines langen Lebens kommen alte Menschen zu dem gleichen Ergebnis – nur die Gegenwart zählt wirklich – und sind damit im besten Sinne kindlich.

Es liegt auf der Hand, daß eine solche Übereinstimmung die beste Voraussetzung ist für ein beglückendes Miteinander von alt und jung. Es ist gewiß nicht die Schuld der Eltern – aber Großeltern haben nun einmal oft mehr Zeit; zum einen, weil sie meistens nicht mehr der Hetze von Arbeitsprozeß und gesellschaftlichem Leben ausgesetzt sind, zum anderen, weil sie – wie erwähnt – auch eine andere Einstellung haben als die Elterngeneration.

Aber noch in einem weiteren Punkt sind Großeltern eindeutig im Vorteil: Sie sind nicht zur Erziehung verpflichtet, sondern dürfen ruhig einmal ein Auge zudrücken. So ist es kein Wunder, daß Kinder mit ihren Kümmernissen oder Untaten lieber zu ihren Großeltern gehen als zu den Eltern, weil sie mit Recht voraussetzen, daß sie hier eine wesentlich mildere Behandlung zu erwarten haben. Die Großeltern haben dies alles ja schon einmal mit ihren eigenen Kindern erlebt und wissen jetzt, was sie damals meistens nicht wußten, daß Erziehungsprinzipien zwar eine feine Sache sind – aber nur, wenn man sie flexibel genug handhabt und über seinen Prinzipien das Kind nicht vergißt. Als Mutter oder Vater sollte man nicht traurig oder gar eifersüchtig sein und ein solches Verhalten auf keinen Fall zu unterbinden suchen. Denn damit würde man dem Kind nicht nur die Möglichkeit uneingeschränkten Vertrauens zu einer geliebten Person nehmen – und was gibt es Schöneres und Wertvolleres im menschlichen Leben –, sondern man würde auch die Eltern-Kind-Beziehung empfindlich stören.

»Kinder und Uhren dürfen nicht beständig aufgezogen werden, man muß sie auch gehen lassen«, sagt Jean Paul. Gehen- und Gewährenlassen von seiten der Großeltern bedeutet natürlich nicht, daß diese den Erziehungsprinzipien der Eltern entgegenwirken! Ein Kind mit Liebe, Zärtlichkeit und Zeit zu verwöhnen bedeutet ja durchaus nicht, es zum Tyrannen zu verziehen. Andernfalls wäre man nämlich vielleicht geneigt, jener spitzen Zunge recht zu geben, die einmal behauptete, für viele Ungezogenheiten gehörten nicht die Kinder übers Knie gelegt, sondern die Großeltern. Aber trösten, abmildern oder einfach nur zuhören und Tränen trocknen – das dürfen und sollen Großeltern.

Zwischen aufeinanderfolgenden Generationen entstehen Konflikte ganz spezifischer Art – eben die sogenannten Generationskonflikte. Sie dokumentieren die Ablösung des jungen Menschen vom Elternhaus und sind eine wichtige und wesentliche Voraussetzung für das Selbständigwerden. Eltern und Kinder leiden darunter, es gibt Spannungen, Unstimmigkeiten, oft harte Worte auf beiden Seiten. Auch hier sind die Großeltern den Eltern gegenüber im Vorteil: Sie haben in jeder Beziehung mehr Abstand. Dadurch haben sie es wesentlich leichter, das Vertrauen der Kinder zu gewinnen. Während der elterliche Rat meistens als – unerwünschte – Einmischung betrachtet wird, lassen sich auch Jugendliche oft gern und dankbar von älteren Menschen leiten.

Die innige Verbindung zu seinen Großeltern ist für jedes Kind eine unschätzbare Bereicherung seines Lebens, die sich immer positiv auf seine Zukunft und auf seine Einstellung seinen Mitmenschen gegenüber auswirken wird. Aber diese Wirkung ist nicht einseitig, denn auch für die Großeltern ist die Zuneigung und Liebe ihrer Enkelkinder etwas sehr Beglückendes. Das Besondere an diesem Verhältnis ist ja, daß es – aus den genannten Gründen –

sehr viel weniger Belastungen ausgesetzt ist als das Eltern-Kind-Verhältnis. Der Umgang mit Enkelkindern ist also sehr viel unproblematischer als der Umgang mit eigenen Kindern. Zudem bringen Kinder ein Stück lebendiger Wärme in das Leben von alten Menschen, das von diesen besonders dankbar akzeptiert wird. Sie fühlen sich gebraucht und angenommen – ein Gefühl, das ihnen die eigenen Kinder häufig nicht vermitteln.

Aber auch die Eltern profitieren in jeder Hinsicht von einem innigen Verhältnis ihrer Kinder zu den Großeltern. Während diese sich mit den Kindern beschäftigen, können die Eltern in Ruhe und ohne Nervosität – und außerdem ohne ein latentes schlechtes Gewissen! – anderen Aufgaben nachgehen. Wenn man heute den Inseratenteil einer beliebigen Lokalzeitung aufschlägt, stellt man fest, daß immer mehr »Ersatz«-Großeltern gesucht werden. Es geht den Eltern also nicht nur um den »Zeitgewinn« – dafür käme auch jede andere Pflegeperson in Frage -, sondern es ist tatsächlich so, daß die Eltern unserer Zeit wieder erkennen, wie wichtig für ihre Kinder der Umgang mit älteren Menschen – eben mit Großeltern – ist.

»Wer keinen alten Menschen im Haus hat, muß sich einen leihen«, sagt ein chinesisches Sprichwort, das – wie man sieht – in unserem Zusammenhang besondere Aktualität hat.

Außer Zeit gewinnen Eltern aber noch wesentlich mehr, wenn sie ihre Kinder möglichst häufig mit den Großeltern zusammensein lassen: Sie sind ruhiger und entspannter – und das kann sich nur positiv auf ihr Verhältnis zu ihren Kindern auswirken. Sie haben mehr Zeit – für sich selbst und füreinander – und damit mehr Glücksmöglichkeiten.

Eltern verlieren also nichts (schon gar nicht die Liebe ihrer Kinder – im Gegenteil!), wenn sie den Kindern einen engen Kontakt mit den Großeltern ermöglichen.

52 »Midlife-crisis« – nicht nur in der Mitte des Lebens

Wir stellten in den vorangegangenen Kapiteln fest, daß sowohl die Jugend als auch das Alter ganz spezifische Probleme mit sich bringt. Nun hat man auch die besondere Problematik der dazwischen liegenden Generationen entdeckt und definiert: die »Midlife-crisis«, die Krise in der Mitte des Lebens – also in den Jahren um 40 herum. Die Zeit davor ist angefüllt mit dem Streben nach Erfolg und – falls man diesen erreicht hat – mit seiner Konsolidierung.

Hat man seinen Erfolg gesichert, beginnt man, darüber nachzudenken, ob man nun wirklich das hat, was man sich gewünscht hat – oder ob man nicht über seinem Eifer, ein bestimmtes Ziel zu erreichen, vieles versäumt hat, was eigentlich wichtiger gewesen wäre. Ist man dagegen in seinen Bestrebungen erfolglos geblieben, fragt man sich, ob man sein Ziel, wenn man es bis jetzt noch nicht erreicht hat, wohl jemals noch wird erreichen können. Ob so oder so – die eigene Situation ist von allen möglichen Zweifeln belastet.

Trotzdem besteht kein Grund, an sich selbst und an der Welt zu verzweifeln.

Eine Krise ist gleichzeitig auch eine Chance – wenn es gelingt, sie fruchtbar zu gestalten.

Wer in einer Krise steckt, befindet sich in einer Entscheidungssituation, steht an einem Wendepunkt. Eine Krise entsteht ja nicht grundlos, sondern aus einem Unbehagen am Bestehenden heraus. Ein solches Unbehagen signalisiert, daß es nun, da alle Möglichkeiten einer Sache ausgeschöpft sind, an der Zeit ist, sich neu zu orientieren.

Im Laufe der Jahre verändern sich unsere Anschauungen und Vorstellungen und damit auch unsere Ziele und Wünsche. Ereignisse, Begegnungen, alle unsere Erlebnisse und Erfahrungen gehen ja nicht spurlos an uns vorbei, sondern geben unserem Leben eine neue Richtung – was wir manchmal gar nicht gleich spüren. Wir verändern uns unmerklich, leben aber so weiter, als wären wir immer noch genau die gleichen Menschen wie vor diesen Erfahrungen. Die daraus resultierende Diskrepanz zwischen Sein und Handeln führt zu dem beschriebenen Unbehagen. Die sogenannte »Midlife-crisis« ist also weniger eine Existenz- als eine Identitätskrise.

Wenn wir uns die Veränderungen klarmachen, die im Laufe der Jahre mit uns und in uns vor sich gehen, ist es eigentlich verwunderlich, daß eine solche Krise ausschließlich in der Mitte des Lebens eintreten soll. Dem ist auch nicht so, aber die »Midlife-crisis« äußert sich wesentlich ausgeprägter – vielleicht weil man sich des nahenden Alters und der damit sich verringernden Möglichkeiten für die eigene Entfaltung schmerzhaft bewußt wird. Aber es ist nie zu spät, neu anzufangen. »Es bleibt einem jeden immer noch soviel Kraft, das auszuführen, wovon er überzeugt ist«, schreibt Johann Wolfgang von Goethe dazu, der in seinem Leben mehr Krisen durchgemacht und gemeistert hat als mancher andere Mensch.

Die »große Krise in der Mitte des Lebens« läßt sich besser bewältigen, wenn man die Krisen, die ihr – oft unterschwellig und deshalb unbeachtet – vorangehen, nicht übersieht, sondern sie zum Anlaß nimmt, »Nabelschau«

zu halten. Wer ab und an (und möglichst schon, bevor die Krise akut wird) einmal Bilanz zieht, sich offene Fragen über sein bisheriges Leben stellt und auch vor offenen Antworten nicht zurückscheut, wird leichter feststellen können, ob das, was er tut, tatsächlich noch immer dem entspricht, was er will – und umgekehrt.

Wenn diese Übereinstimmung vor drei, vier oder fünf Jahren noch gegeben war, bedeutet dies nicht, daß es ein endgültiger Zustand ist.

**Wenn Sie selbst sich verändern,
muß auch Ihr Leben sich ändern –
sonst gibt es keine Harmonie.**

Natürlich wird dies in der Praxis nicht so radikal aussehen, wie es hier formuliert ist. Die wenigsten werden eine gut bezahlte Stellung aufgeben können, nur weil sie eines Tages feststellen, daß ihre Arbeit sie nicht mehr befriedigt. Zu viele andere Gesichtspunkte machen eine solche Entscheidung unmöglich: die Verantwortung, die man für die Familie trägt, das Bedürfnis nach materieller Sicherheit und so weiter. Aber eine so tiefgreifende Entscheidung ist auch oft gar nicht notwendig, um den Seelenfrieden wiederherzustellen.

Am Anfang dieses Buches wurde ausgeführt, daß im Leben alles – oder doch sehr vieles – eine Frage der Einstellung ist. Das gilt auch für das besondere Thema, das hier behandelt wird. Wenn man einmal erkannt hat, woraus ein Unbehagen entstanden ist, kann man damit leichter fertig werden. Der Mensch hat zwar nicht die Möglichkeit, ausschließlich seinen eigenen Vorstellungen entsprechend zu leben, aber es gibt Gelegenheiten genug, dazu

Gegengewichte zu schaffen, sich mit den Dingen zu beschäftigen, die man liebt, und ganz man selbst zu sein. Auf solche Möglichkeiten wurde bereits ausführlich eingegangen.

Das Wesentliche jedoch ist die Erkenntnis, daß wir keine unveränderliche Substanz sind. Das mag seine Nachteile haben, weil wir so gezwungen sind, immer wieder umzudenken – und das fällt dem menschlichen Phlegma nicht sehr leicht. Aber es hat den Vorteil, uns neue Wege zu öffnen, auf denen wir uns, wenn sich der eine Weg als Sackgasse erwies, dem Glück von einer anderen Seite her nähern können.

Wer dies berücksichtigt, wird Krisen als das sehen, was sie sind: Stoppschilder an einer Kreuzung unseres Lebens. Wie im Straßenverkehr, ist es auch im Leben nicht ratsam, ein solches Stoppschild einfach zu überfahren.

53 Freiheit und das, was man so nennt

Unser gesamtes Gesellschaftsgefüge beruht, seit wir nicht mehr weitab von anderen Menschen lebende Selbstversorger sind, in immer stärkerem Maße auf zwischenmenschlichen Verflechtungen, Interaktionen und Abhängigkeiten. Das bedeutet – soll dieses Zusammenspiel funktionieren – naturgemäß eine Reglementierung und eine Beschneidung von Freiheiten des einzelnen. Auf der anderen Seite bedeutet es eine Arbeitsteilung, bei der der einzelne auf die Fähigkeiten der anderen zurückgreifen kann.

In der zivilisierten Welt hat diese Arbeitsteilung bereits ein Ausmaß erreicht, das zu Recht Unbehagen verursacht. Das übermäßige Angebot von Dienstleistungen und Produkten wird heute schon vielfach als »Konsumterror« bezeichnet, und immer mehr – vor allem junge – Menschen versuchen, sich dem zu entziehen, indem sie weitgehende Selbstversorgung praktizieren. Für viele ist das sicherlich ein probater Weg zu einer freieren, von gesellschaftlichen Zwängen unabhängigeren Lebensgestaltung.

Aber hier wie dort erlegt das Zusammenleben mit Menschen dem einzelnen Beschränkungen auf. Das ist nötig, damit jedem ein Höchstmaß persönlicher Entfaltungsmöglichkeit gewährt werden kann.

Unsere eigene Freiheit
kann immer nur bis dorthin reichen,
wo die Freiheit der anderen beginnt.

Eine Überschreitung dieser Grenze hat nichts mehr mit Freiheit zu tun, sondern ist der bewußte oder unbewußte Versuch, den anderen zu unterdrücken.

Die »absolute« Freiheit,
die manchem mitunter als Ideal vorschweben mag,
ist nicht nur ein Ding der Unmöglichkeit,
sondern sie wäre auch unerträglich.

Der Mensch hat zwar das Bedürfnis, seine Grenzen immer weiter zu stecken. Aber ganz ohne Grenzen würde er sich nicht freier, sondern nur unendlich verloren fühlen.

Die meisten von uns verstehen unter Freiheit nur die Freiheit von etwas, von Zwängen, von Abhängigkeiten und so weiter. Die wenigsten denken daran, daß es auch eine Freiheit zu etwas gibt – zu Verantwortung nämlich, zur Unterordnung eigener Interessen unter einen höheren Zweck.

Kaum ein Begriff ist wohl je so mißverstanden, so strapaziert und so unterschiedlich interpretiert worden wie der der Freiheit. Der Schriftsteller F. M. von Bodenstedt faßt das sehr klug und hellsichtig zusammen:

Es geht mit der Freiheit wie mit der Wahrheit: beide sind nur denkbar in der Beschränkung, und niemand kann sich eine ganz klare Vorstellung davon machen. Nicht alles ist wahr, was man dafür hält, und frei ist der Mensch nach außen hin nur innerhalb der Grenzen, welche die jeweilig herrschenden Gesetze und Sitten ihm ziehen … Nur innerlich kann der Mensch frei und wahr sein.

Einen Großteil unnötiger Beengung haben wir uns oft selbst zuzuschreiben. Wenn es uns gelingt, uns von Vorurteilen freizumachen und Äußerlichkeiten wie Besitz, Herkommen, Umgangsformen und so weiter nicht überzubewerten, erobern wir uns dadurch selbst ein ziemlich großes Stück persönlicher Freiheit dazu.

54 Hat das Leben einen Sinn?

Wir wissen heute, wie und wann unsere Erde und das Leben darauf entstanden sind. Aber wir wissen nicht – und wir werden es nie wissen –, zu welchem Zweck dies geschah. Trotzdem quält viele Menschen die Frage, ob unser Leben einen Sinn hat und worin dieser bestehen könnte. Wir werden geboren, ohne daß wir die Möglichkeit haben, uns dafür oder dagegen zu entscheiden. Von Geburt an ist das Leben bereits »eine Krankheit zum Tode«, indem jede Stunde mehr eine Stunde weniger bedeutet.

Manche Menschen finden einen Halt in der Religion und betrachten das Leben als eine Art Quarantäne fürs Paradies. Andere suche Antwort in der Philosophie. Vielen aber gelingt weder das eine noch das andere. Aber für alle gilt, daß die ohnehin fruchtlose Frage nach dem Warum eigentlich gar nicht so wichtig ist. Ausschlaggebend ist das Wie, mit dem man das Leben meistert, denn die Antwort auf alle Fragen, die mit diesem Wie zusammenhängen, liegt im Bereich unserer Möglichkeiten.

Unser Leben ist immer das,
was wir selbst daraus machen.

Oder, um mit Schiller zu sprechen:

Ein erhabener Sinn
legt das Große ins Leben
und sucht es nicht darin.

Da ich gerade beim Zitieren bin, darf auch ein Spruch Goethes nicht fehlen, der unser Thema welt- und lebensklug abrundet:

Mach dir's doch deutlich, daß das Leben
zum Leben eigentlich gegeben.
Nicht soll's in Grillen, Phantasien
und Spintisiererei entfliehen;
so lang man lebt, sei man lebendig.

Erleben wir also das Leben so, wie es sich uns bietet – mit allen seinen schönen und schmerzlichen Seiten, die, wie wir wissen, untrennbar zusammengehören. Sammeln wir Erfahrungen aller Art und versuchen wir, diese für uns fruchtbar zu machen. Je bewußter wir leben, desto sinnvoller wird unser Leben sein. Es ist uns Menschen nicht möglich, den Sinn des Lebens zu erkennen. Aber es ist uns durchaus möglich, unserem Leben einen Sinn zu geben.

55 Das ganz große Glück – und was davon zu halten ist

Geld macht zwar nicht unbedingt glücklich, aber es wäre unzutreffend zu behaupten, daß Reichtum notwendigerweise unglücklich macht. Eine Erbschaft, ein Hauptgewinn im Lotto oder in einem anderen Glücksspiel – das alles kann für manchen durchaus ein großes Glück bedeuten. Hier – wie bei allen anderen Aspekten des menschlichen Lebens – zählt nicht, was dem Menschen begegnet, sondern was er daraus macht. Es gibt genug Beispiele von Menschen, die durch plötzlichen Reichtum sich – und oft auch andere – unglücklich machten. Mit Geld kann man sich viele Annehmlichkeiten verschaffen und sich so tatsächlich manches Glück regelrecht kaufen. Aber mancher labile Mensch wird von dem Wahn erfaßt, daß man mit Geld alles kaufen kann. Dabei gibt es im Leben genug Dinge – und es sind gerade die wichtigsten –, die eben nicht käuflich sind: Liebe, Freundschaft, Zuneigung und vor allem die Harmonie mit sich selbst und mit der Umwelt sind für kein Geld der Welt zu haben. So angenehm es ist, Geld zu haben oder gar reich zu sein – das ganz große Glück ist damit nicht zu finden.

Aber wer sehnt sich nicht insgeheim danach – nach dem »ganz großen Glück«? Dabei existiert dieses Glück zu 99 Prozent nur in Romanen, die allerdings das eine Prozent, das es unbestritten wirklich gibt, auf eine Art und Weise darstellen, die glauben macht, daß dieser Zustand ausnahmslos jedem von uns widerfahren müßte.

**Dabei ist das »ganz große Glück«
ein Ausnahmezustand
und ebenso schwer zu verkraften
wie ein ganz großes Unglück.**

Oft ist dieses Glück auch sehr teuer erkauft (womit nicht die finanzielle Seite gemeint ist!). Es ist eine Binsenwahrheit, daß, wo viel Licht, auch viel Schatten ist. Und aus großen Höhen stürzt es sich desto tiefer.

Das »ganz große Glück« ist eine Naturgewalt, die man weder herbeirufen noch abwenden kann. Haben Sie es einmal erlebt, seien Sie Ihrem Schicksal dankbar dafür. Trauern Sie nicht, daß es vorüber ist – freuen Sie sich, daß es war. »Das Schicksal kann uns nichts nehmen, was es nicht vorher gegeben hat«, heißt es bei Seneca. Und Lichtenberg meint zu diesem Thema: »Ein langes Glück verliert schon bloß durch seine Dauer.«

Ein Wort zum Schluß

Viele Probleme des menschlichen Lebens konnten in diesem Buch nur gestreift werden. Manche wurden nur oberflächlich behandelt, die ein wesentlich erschöpfenderes Eingehen verdient hätten – etwa die Themen Partnerschaft oder Alter. Aber es kommt in diesem Zusammenhang gar nicht so sehr auf Vollständigkeit und Ausführlichkeit an, sondern darauf, auf knappe und möglichst eindringliche Art nachzuweisen, daß Glück wirklich lernbar ist, und ein paar Anregungen zum Mit- und Weiterdenken zu vermitteln. Die Konsequenzen aus Ihrem Nachdenken müssen Sie selbst ziehen, denn:

Das Glück ist entweder in Ihnen selbst oder nirgends.

Manches mag Ihnen banal erscheinen, was gesagt wurde. Aber die wichtigsten Dinge im Leben sind nun einmal ziemlich banal. Und es ist nicht immer das Komplizierte, das uns weiterbringt.

Vielleicht haben Sie nach der Lektüre des Buches ein wenig das Gefühl, hier werde eine Anleitung zum Egoismus gegeben. Dem möchte ich auch gar nicht widersprechen.

**Ich bin nämlich der Meinung,
daß ein wirklich glücklicher Mensch immer auch andere beglücken wird –
und sei es durch sein bloßes Da-Sein und So-Sein.**

Die Deutsche Bibliothek – CIP-Einheitsaufnahme
Kluge, Heidelore:
Gib deinem Glück eine Chance / Heidelore Kluge. – Zürich:
Kreuz, 1996
ISBN 3-268-00188-2

1 2 3 4 5 00 99 98 97 96

Postfach 245, CH-8008 Zürich, Tel. 01-422 55 53
Umschlaggestaltung: Jürgen Reichert, Stuttgart
Satz: Werbeatelier Kranzbühler, Albstadt-Lautlingen
Druck und Bindung: J. Ebner Ulm
ISBN 3-268-00188-2